韩国人在想什么 I

〔韩〕李圭泰 著
赵 莉 译

南京大学出版社

图书在版编目(CIP)数据

韩国人在想什么／(韩)李圭泰著；赵莉等译. ——南京：南京大学出版社，2015.1
ISBN 978-7-305-10304-9

Ⅰ.①韩… Ⅱ.①李… ②赵… Ⅲ.①民族心理—研究—韩国 Ⅳ.①C955.312

中国版本图书馆 CIP 数据核字(2014)第 035792 号

出版发行　南京大学出版社
社　　址　南京市汉口路 22 号　　邮　编　210093
出 版 人　金鑫荣

书　　名　韩国人在想什么
作　　者　李圭泰
译　　者　赵莉
责任编辑　戚宛珺　沈卫娟　　编辑热线　025-83753947
照　　排　南京南琳图文制作有限公司
印　　刷　南京爱德印刷有限公司
开　　本　850×1168　1/32　印张 7.75　字数 155 千
版　　次　2015 年 1 月第 1 版　2015 年 1 月第 1 次印刷
ISBN 978-7-305-10304-9
定　　价　88.00 元

网址：http://www.njupco.com
官方微博：http://weibo.com/njupco
官方微信号：njupress
销售咨询热线：(025) 83594756

＊版权所有，侵权必究
＊凡购买南大版图书，如有印装质量问题，请与所购
　图书销售部门联系调换

序

公元前五、六世纪的希腊,经济并不发达,文化也较周边地区落后。而邻国波斯在经济和文化上都盛极一时。希腊依靠跟波斯的经济文化交流,构筑起本国的文化,保持住繁荣的局面。尽管这样,希腊人在波斯人面前却丝毫不感到低人一头,其原因可举出若干,例如,希腊有着优秀的语言文化和民主意识,相貌和体魄上也绝不落后于人。但这些原因都只是枝叶性的。最根源的原因,还在于希腊人特有的思维方式和行为方式。不管日子过得好与坏,不管落后还是领先,也不管优势还是劣势,他们都毫不在乎,只对包括衣食住行在内的自身文化抱有信心,以自身独有的同一性,发展性地接受外来的优势文化。

再来看看韩国。历史上的我们,曾经对韩国或韩国人的同一性感到过自豪吗?答案是否定的。三国时代之于唐,高丽时代之于元,朝鲜时代之于明,我们总是有劣等感;近代开化期以来,则是面对西方文化,感到自身的劣等,时至今日。

韩国人之所以为韩国人的同一性拿什么来证明?对本土文化我们早已弃之如敝履,反而拼命地要将自己同化进优势文化。直到今天，我们仍延续着这种"事大"的历史轨迹。

长久历史岁月中的失败和教训使我们确信，韩国人不管到哪里都是韩国人，成不了美国人、法国人，抑或日本人、西洋人。不仅外貌上成不了，语言、文化、生活、思维方式、情感等各个方面都与之有根本性的不同，就算穿的是西装，喝的是咖啡，说的是外语，韩国人也终究只能是韩国人。

那么，让我们成为韩国人的这一超强的同一性到底是什么？尽管这同一性代代相传，至今仍保留在我们的身上，但我们却并不清楚它的实质。只是随着世界的日新月异，随着国际化的滚滚车轮，在与外来文化的碰撞中，我们才隐隐约约地感受到这种同一性。

这种同一性是一种存在价值，让韩国人之所以为韩国人；是一种思维方式，支配以及左右着韩国人的所有行为特征，让韩国人区别于外国人。本书便是要对这种存在价值和思维方式的同一性进行梳理、分类，在韩国人的意识结构中加以重构。

本书要比较日常生活中外国人和韩国人的行为，从自然、风土、历史、传统、文化、生计中寻找原因，解释韩国人为何会形成如此的意识结构，使之有可能在政治、经济、社会、文化、教育、经营等各个领域得到发展性的利用。

本书初版于1983年，在过去的十七年中，承蒙读者们的厚爱，多次重印。为配合不断发展变化的读书环境，这里对书中部分内容作了整理，重新编辑出版，以飨新一代的读者。特此说明。

李圭泰
2000年2月

目录

1 强烈的否定即是肯定

002 梦的解析
006 独居的家也是"我们家"
010 家庭意识全球第一
012 沉默中的千言万语
015 人生之梯
018 过度的幸福是不道德的
022 挨饿事小,人格事大
024 不要白不要
027 不幸中之万幸?
030 怎能向这破洗脸盆行礼
032 "臣为何人?"
035 强烈的否定即是肯定
039 眼和耳的交流
042 天下有帝王,王下有百姓
045 职场是家庭的延长线

2 跟从他人才安心

052 热衷留名的民族
055 不喜大道喜小巷
058 以公为私,以私为公

061 "wife"赶走"妻子"

064 最后一片肉

066 身体语言

070 憾恨的泪水不让它流

074 生命诚可贵,脸面价更高

077 权威和名誉重于物质

080 从内部寻找竞争对手

083 跟从他人才安心

086 好奇心要深藏不露

088 睡觉干活,干活睡觉

091 一举两得的妙趣

094 外黄里白的香蕉族

096 礼物与共同体意识

101 平凡名下的安居意识

104 隐藏自己窥探他人

107 心口不一

109 民以食为"羞"

112 自我贬低的词语
　　——"东夷"与"高丽臭"

3 成功来自站好队

116 韩尺量出韩服美

118 能者一人,弱者一群

- 123　妓女也看重名誉
- 128　孝重于忠
- 131　家庭藩篱内的民族
- 135　成功来自站好队
- 138　大富豪与小卖店主人的幸福感
- 142　怀抱原子能的民族
- 145　快吃是美德
- 149　家庭集团重于个人价值
- 154　第一人际层与依存性
- 157　第二人际层与封闭性
- 160　第三人际层与一般性
- 163　第四人际层与隔绝性
- 165　以自虐获取同情

4 能力强不如关系铁

- 170　地球村的文化冲突
- 174　能力强不如关系铁
- 176　排次序明座次
- 178　身体部位也有座次
- 181　眼镜与权威
- 184　面子影响表达
- 187　韩国的面子和西洋的名誉
- 189　山中寻福地

192　才与德
197　最善与次善
201　套话连篇
207　犯错和失败的理由多
210　莫让一切尽在不言中
213　自我隐蔽哲学
217　名的两面性
220　弃名分，扫出门
223　韩国人的他律性
226　灰色谎言满天飞的时代
229　有着四个名字的韩国人
233　旁观他人之恶

1

强烈的否定即是肯定

梦的解析

成伣的《慵斋丛话》中记载了这样一个故事。

从前,有三个儒生去考科举,三人各做了一个奇怪的梦。一人梦见镜子掉到地上,一人梦见稻草人挂在门上,还有一人则梦见花被风吹落。于是这三人便去找算命先生解梦。不巧算命先生出门了,只有儿子在家。三人心想,这儿子整天看父亲算命,耳濡目染,应该也会解吧。于是就让这个儿子给他们解梦。

算命先生的儿子对三人说:"你们做的都是不祥之梦,愿望将无法实现。"正说着,算命先生回来了。他把儿子教训了一顿,然后重新给他们解梦。算命先生的解释跟儿子全然相反。"镜子掉到地上,怎会不发出声音来;稻草人挂在门上,众人怎会不抬头仰视;花被风吹落,怎会不结出果来。"算命先生告诉三人:"三位的梦都是吉梦,必心想事成,大功告成。"

福转化为祸,祸转化为福,这形成了韩国人的一种意识结构。体现在韩国人的"解梦"中,即梦中的不幸因素正是幸福的预言,而幸福的因素则被理解成不幸的征兆。

正因为如此，所以若梦见光着身子徜徉街头，则意味着大吉大利；梦见五花大绑，则是长寿的象征；梦见浑身沾满屎尿，或身体流血，则表示发财；梦见火，则预示着天上掉馅饼；梦见死尸，反而是大吉。诸如此类，凶是吉的预言，而吉则是凶的征兆。

梦见饭菜酒水得以饱食，则是生病的预兆；得到王妃、贵妃等贵人的招待，则是重伤的预示；若看到美女宽衣，则会惹上官司；梦到钱，反而预示着伤财；好衣加身，则是老婆与他人通奸的征兆。

这是一种将幸与不幸加以中和的思考方式，对人们追求物质幸福的向上本能，起到抵制性的反作用，而当面对向下的不幸时，这种思考方式则教给人们忍耐的智慧。有了这一思考方式，即便不幸降临，也不会慌张失措或悲伤叹息。对于消极的不幸，则注射进一剂心理预防针，让人懂得世事之无常。

因此，韩国人对于不幸与厄运，愿赌服输也好，断念认栽也好，作为一种安慰，哪怕是消极的，总是能极其熟练地去压制怨愤与不满。不仅如此，对于不幸与厄运，韩国人不停留在消极忍受的层面，进而对这不幸与厄运十分推崇，认为有利于人生修养，是因祸得福。韩国人欣赏"不足"以及"不完美"状态，美化不足主义、不完美主义心理。这与伤害自己而获快感的受虐癖相仿，可认为是韩国人自虐意识的一种表现形式。

作为不幸的自虐式解决方式，韩国人已练就下面

四项本领。

第一,忍受今天的不幸。

第二,硬找出某一理由,断念认栽。

第三,逃避进另一慰藉之所,潜心静气。

第四,将不幸的原因归结到自己身上,自责自罚。

消除梦中的不幸,即属于上述四种自虐类型中的第三种,即自虐的安慰。这一类型又大致分成三种情况。一是在自然之中寻求安慰,二是在人际社会中寻求安慰,三是在幻想世界中寻求安慰。

以"月亮"为例。世界上最亲近月亮的民族,便是朝鲜民族,就像地中海或沙漠民族亲近太阳一样。这是因为,已习惯用自虐方式应对不幸状态的韩国人,将月亮选作了应对的手段方法。如果把我们祖先所吟咏的诗和时调中的月亮因素剔除,那么作品的数量估计要减半。

我认识一位钢琴家,她有个女儿,到了出嫁的年龄。但这个女儿的爱情正面临着巨大的难关,因为她那无法实现的爱情而伤心烦闷。于是,一个皓月当空的夜晚,钢琴家跟女儿席地而坐,她对女儿道出下面这番话:

"孩子,你可知道,如果你到了我这个年纪,对着月亮却没有什么可回忆的,那该有多么可悲?我觉得,你跟他可能是没有缘分。虽然你想跟他永结同好,但无法实现的爱情也自有其价值。你是否可以这么想——这无望的爱是我年轻时播下的种子,等我年纪大了,生命力和魅力都衰退了,那个时候,面对这月亮,往事的种子就可以生根发芽,让年老的我有所追忆,有所慰藉。你是我的女儿,我有义务为你日后着想,所以才对你这么说。"

把不幸、悲伤和痛苦，投射进月亮这一自然物，这种做法对于韩国人来说可谓是轻车熟路了。但对缺乏这一遗传因子的民族而言，也许就无法理解这一妇人所说的话。月夜的光景之所以像一幅水彩画，让人感到自信而美丽，也许就是因为我们思想中某一部分继承的自虐式原生质所起的作用。

韩国人在想什么（1）
한국인의 의식구조

强烈的否定即是肯定

独居的家也是"我们家"

看似兄弟俩的两个小孩在玩放风筝。问小的那个:"这风筝是你的吗?"小的摇头说不是。又问大的:"那这风筝是你的吧?"大的同样摇头。再问:"那这风筝是谁的?"两个小孩异口同声地回答说:"是我们的。"这个"我们",是全体的"我们",不仅包括弟兄俩,因为爸爸有时也放风筝,所以也包括爸爸在内。

由此可见,在风筝的归属上,"我"被"我们"埋没了。不仅仅是作为玩具的风筝,所有的什物及有价值的东西都是如此,所谓"我的",所谓个人所有这一概念,韩国人是极度缺乏的。个体埋没于集体,这是韩国人很突出的意识之一。

日本人、中国人抑或西方人,在指称父母、家庭,以及自己所属的学校、社区、单位、团体、民族、国家时,不使用表示复数的"我们",而说"我的妈妈"、"我的家"、"我的学校"、"我的国家",唯独韩国人说"我们妈妈"、"我们家"、"我们学校"、"我们国家"。

"纵然游遍美丽的宫殿,享尽富贵荣华,但是无论我在哪里,都怀念我的家……"当听到这首"Sweet Home"时,歌中那种和美融洽的甜蜜家庭，韩国人是感受不到的，反而联想起独自一人离群索居，孤零零的"lonely home"。也就是说，西方人听这首歌的感怀，跟韩国人是大相径庭的。原因很简单——韩国人对歌词中的"我的家"感到陌生。如果不翻译成"我们家"，韩国人听歌的感受就不会有改变。

"我们"这床温暖棉被下盖着的，是韩国人的赤子之心。寒冷的冬天，大家把脚放进炕头的被子里，形成了共同体的纽带感。在流浪乞讨时的饥寒交迫中，兴夫①的老婆对全家人说，咱们一家二十七口，还是各奔东西、各自为生吧。兴夫却说："要没有二十七口子背上的暖和气，我们就该冻死了。"兴夫的话是对"我们"这一纽带感的准确诠释。

靠着抱团取暖，韩国人才能够在数千年间历经穷困、饥饿、欺侮、亡国，坚强地活下来。

其实，西方的"我的家"和韩国的"我们家"在结构上是不同的。被家务事搞得筋疲力尽的主妇有个共同的愿望，那就是锁上门好好休息一天。主妇们的愿景，正说明了韩国的房屋结构特点——没有可以将自己隔绝开来的空间，抵制个人的私密性。

换言之，西方的房屋在结构上有着隔音的厚墙和房间门，房间门上有锁，可以提供彻底隔绝的自我空

---

① 韩国民间传说中的主人公。

间,而这在韩国的房屋是不允许的。韩国的房屋是所有家庭成员的,是"我们"的空间。当然,房间是隔开的,但这种隔断不同于西式房屋物理上的隔断,不过是精神上的隔断罢了,就好像是画出一道分界线。韩国的房屋采用纸糊的横推门或隔扇门,任何时候都可以进进出出,听得到声音,也可以随时探望。这种精神上的隔断只针对尊重这种隔断的人,因此即便屋里只有一人,旁边的房间空着,也总是感觉到旁边会有人在,精神上不可能独自存在。

家是"我们"的共同空间,由此形成了韩国人特有的"干咳文化"。这种咳嗽不是生理上的自然现象,而是为告知别人自己的存在而发出的人为的咳嗽,韩国人对此驾轻就熟。跨进屋来时干咳,表示"我进来了";在屋子里干咳,则表示"我在里面"。移至某一空间时,一定要先干咳一下,发出信号。韩国人之所以有"干咳文化",是因为空间不是自己独有,而是"我们"大家共有。不仅是干咳,韩国人常常自言自语也是出自这一缘故。

例如,明明没有听众,也会说——"天气怎么搞的"、"风真冷",或狗遭数落鸡遭撵;明明没必要问,也一定要问上一句——"喂猪了没"、"衣服干了没"、"爷爷来了没"。这并不是为了传达话语本身所包含的内容,而是一种进入共有空间的信号,和干咳的性质相同。

因为韩国人的家是"我们家",所以先得收发"我们存在"的信号。纵然有门相隔,也必须要有一双透视的眼睛,用心灵之眼关注着旁边房间里有谁,以及别人正在做什么。因此韩国人"用眼"说话要多于"用嘴"。

食文化也不例外,"我"同样埋没于"我们"之中。西方人把大容器中共有的食物倒在各人的小盘子里,把食物变成自己的,然后再吃。而韩国人则是先将食物上桌,大家一起夹着吃。因此摆到桌上的食物从汤水到酱料都是"我们"的。

祭拜完后,将祭拜的食物倒入盆中,做成拌饭,你一勺我一筷地吃掉,这种饮食习惯强化了彼此之间的纽带感,也是韩国所特有。这种拌饭里一定要有供桌上供奉过的食物,通过这一媒介,把大家族的"我们"联系起来,不仅仅是联系现在活着的子孙们,还包括已经去世的祖先。

孩提时,如果没等到吃祭祀拌饭就沉沉睡去,那么母亲就会把饭留下,待第二天早上再给我们吃。母亲这么做,饱含着母性的眷顾爱怜,她不想让年幼的子女游离在大家族的"我们"之外。

以前的小孩子,不会随随便便摘自家院里的果子吃,哪怕是一个柿子,一颗栗子,或一根黄瓜。如果摘了吃,就会有脱离"我们"的犯罪感,因为摘的是"我们"的东西。新果和新谷要先供奉到祖先的祠堂,然后大家族的"我们"才能吃。

家庭意识全球第一

韩国语中有"人间"一词,意指"人"。从词的结构上来看,作为主体的人,要和某一客体之间形成关系时,才能成为"人"。

"我"是不能独立存在的,只能存在于与异性、与家庭、与民族、与共同体、与国家等众多客体的关系中。

因民族不同,在处理与某一客体的关系时就会有亲疏远近之分。例如,有的民族看重与父亲的关系,而有的民族则更看重与共同体的关系。

因此,有的民族因其风俗和先天条件,家庭优先于国家,而有的则是民族优先于家庭。

那么,我们所属的朝鲜民族最看重与哪一客体之间的关系呢?重视的程度又如何呢?这个问题需要探讨,因为这是了解韩国人、了解韩国历史时最核心、最关键的问题。

西方文化发源地之一的古希腊,那里的人最重视城邦这一客体。因为在地理上他们常常面临海盗和他国侵略的危险,他们的生死存亡与城邦的存亡密切相关。

较之家庭，沙漠民族更重视部族。因为游牧生活无法以家庭为单位，而必须以部族为单位迁徙。以家庭这一规模，是无法对抗沙漠中恶劣的自然条件的，同样也无法抵御侵略者。

伊斯兰民族之所以对犹太人部族执着地抱有成见，正因为他们是生活在沙漠地区的游牧民的缘故。

穿越丝绸之路的过程中，我曾见到并采访过阿富汗的库奇族牧民。在他们身上，找不到一丝一毫所谓"阿富汗国民"的国家意识。他们四处游牧，全然不顾国民的一切义务和权利。他们从不受阿富汗法律的制约，只执着于库奇族的律法。他们甚至会献上自己的儿子，作为祭祀仪式上的祭物。他们认为这是光荣的事情，并亲手将自己的子女送上牺牲的祭坛。在他们的价值观上，国家、家庭之重，较之部族之重，简直是九牛一毫。

韩国又怎样呢？家庭之于韩国人，可谓是重之又重。这虽然是处于季风气候地区民族的共同特点，但韩国贯彻家庭中心主义较之日本和中国要更加彻底。

韩国人不会为了家庭之外的共同体而抛却私心，但在家庭之中，却懂得牺牲一己之私，这一民族性也许是全世界中最为极端的。

历史上，为了父母、为了家庭的名誉而不惜牺牲生命的事例比比皆是，且这种牺牲被历史评价为最高贵的牺牲。

沉默中的千言万语

音乐歌舞剧《窈窕淑女》中,面对着话多的求爱者弗雷迪,美丽的伊莉莎这样说道:

"我现在不需要口头上的爱,还是拜托你……"

伊莉莎这么说,是暗示弗雷迪给以拥抱,而弗雷迪却仍唠唠叨叨地表白自己的爱情比天高,比海深。

若换成成春香和李梦龙①,情况就不一样了。梦龙也许会对着月亮哭泣,却绝不会说"我爱你"。春香虽然心里只有梦龙一个,却也不会把爱说出口。爱不需要语言,春香和梦龙正是这一文化形态的产物。

关于母子的情景描写,压卷之作可推斯坦贝克的《罐头厂街》。小说中写了这样一个场景。一对贫民母子生活在水泥管里,水泥管没有窗户,却挂着漂亮的窗帘,这位母亲坐在"窗"下。当然,就算拉开窗帘,光线也透不进来。她一边想象着光线,一边补着儿子的破袜

---

① 韩国民间传说《春香传》中的男女主人公。

子。儿子靠在母亲的背上,叫了声"妈咪",然后问母亲:"妈咪,你爱我吗?"母亲理所当然地回答:"我爱你。"

如果这一场景中的母子换成韩国母子,结果会怎样呢?也许会因为一句"你爱我吗",反而削弱了母子之情。要在韩国,光背靠着,而不说话,会显得更温馨和睦。爱不爱的对话反而会留下弦外之音,让人感到像是儿子和庶母之间的生疏感情。

韩国人在一起时,即便什么话也不说,心中也会安和雅静。母亲如此,恋人也是如此,还有朋友、同事、同村的人,这一"无言多情"就好像是投石入池后荡起的波纹,以自身为圆心,渐渐向外漾起一层层的同心圆。

我听一位美国人说过这样一件难以忘怀的事情。他曾在韩国一所教会女校任教。冬天,这所学校的老师们按照常例,围坐在教务室的暖炉周围,边喝茶边休息。此时,韩国老师们往往是长时间一言不发。这要是换成美国人,长时间的沉默只能意味着发生了严重的事态,或空气中充满敌意。而韩国的这般无语的空间里,却流淌着无法用语言来形容的温暖祥和。看来,这种不说一句话、却能以充实的心情实现心灵交流的情景,着实让这位美国人感动。

韩国人喜欢的是集体氛围,所聚皆为投缘之人;不像西方人,喜欢个体氛围,用谈话作为连接。对于韩国人而言,谈话只是强化集体氛围的要素,因此谈话时,需要把投缘作为前提。陌生人在一起,或相互不投缘,便会让韩国人觉得异常痛苦。这意味着韩国人说话,只能跟情投意合者说。西方人在饭店的楼梯上或电梯里,会微笑着跟陌生人打招呼,而韩国人则对这样的招呼法感到很不自在,西方人和韩国人的这一差异也是源自同样的原因。究竟是什么让韩国人执意要将个体(我)同化到集体(我们)中去的呢?

人生之梯

我们现在正在爬梯子,梯子有无数阶,有的人在第四十九阶,有的人则在三十三阶,有的人正在往上爬。一瞬间,在自己下面的人会从旁边超过,爬到上面去。

陌生人初次见面时,韩国人首先想知道的,便是这人所处的阶位。

回想起我的国外生活,好像并没有接到过名片。他们只告诉你他们的职能,对于告知职位,并不觉得有多重要。

而韩国人则看中自己的评估分(size up),若分数高,则能带来超乎自己能力和作用之外的效果。去政府机关办事时,梯子阶位高的当然会比梯子阶位低的办得顺,此为当今之现实。

对评估分的执着,使得韩国人撇开个人能力不谈,更重视学历等外部因素。仅凭某高中、某大学毕业,就来判断这个人的人格和能力,而这已成为社会的通行做法。人格上的某一缺点,能力上的一处不足,会因为有了好的学历学位,或进了一流大学而得到弥补。韩国的"一流热",本质上源于韩国社会的"向上结构",这种向上结构造成了"评估"意识。

开化期后,阶级社会瓦解,人生之梯平等地置于万人面前,韩国人逐渐接受了能力上人人平等的思想。彼此不得不承认,贫者、未获成功者、未受教育者等等,这些处于梯子上较低阶位的人只是走背运没享受到惠泽罢了,并不是因为没有能力才挂在梯子的下端。

"残废还谈什么天干地支","穷人有麦粒吃就行",自古以来,认为弱者或贫者自有其相应待遇的意识根深蒂固。这是韩国人的美德,承认自己虽有能力,却因生不逢时或没有摊上好的祖上父母而遭遇挫折、艰辛度日。韩国人还有很多诸如"花无百日红"之类的谚语,像"老鼠洞也有照进阳光的一天","时间会改变命运"等。这也说明了韩国人的能力平等意识。

虽有能力,却处于较低的阶层,或尽管不是很低,但自己向上的欲望却得不到满足,于是人们就寄希望于自己的子女,想把子女放到高于自己的阶位上。向上意志的投射对象从自己转移到了子女身上,并为此挥洒热情汗水。韩国父母亲们的这一悲壮意愿,导致了韩国社会病态的"教育热"和"一流病",并由此而滋生出古今内外查无先例的"学校财阀"。

青少年离家出走或涌至城市,甚至认为有钱赚而走上犯罪道路,这些也可以从强烈的向上意志那里找到原因。梯子每往上爬一阶,都要付出相应的努力、辛勤的汗水和厚重的责任,但向上爬时不具备或不履行相应的条件,或者不想一阶一阶爬,而想三阶五阶蹦上去,这种莽撞的向上意志要寻求发散，便表现为出走或鲁莽的犯罪。

蹦上阶梯时单单往上看容易摔伤。向上意识结构的社会中，较之一步一个脚印坚持不懈向上走的人，掉落下来摔伤的更多。

如今我们走路时是不是眼睛只朝上面？也许到了该看看左右，踏实前行的时候了。

过度的幸福是不道德的

我读历史时,产生了几点无用的疑惑。例如,老百姓为何死活不肯将女儿送去当太子妃或王妃呢?阶级社会中,作为女子,最顶端的幸福莫过于成为"妃"了。那么是什么原因让老百姓对这最大的幸福避之不及呢?把自己的女儿送去做王妃,便能享尽富贵荣华,人生在世,还有比这更好的机会一飞冲天吗?为何选妃开始后,不是将女儿藏起来,就是给她穿上破衣服,脸上抹烂泥?若被选为预备妃子,便好像被阎王爷拉去似的,大声痛哭,号啕不止。

当然,这里有几个可能。说是择选进宫,并不一定就成为妃子,被征选后若成不了王妃,回来后就会被视为咒物,很难再嫁到别人家,造成抱憾终生的负面效果。

即便成了王妃,宫中又有几多阴谋。出于人道主义,谁都不愿意把女儿送进勾心斗角和党派纷争的夹缝中,度过悲剧的一生。

坠入勾心斗角和党派纷争,或遭流放甚至被毒死,这样的故事听得太多了,老百姓渴望的是风平浪静的生活,这一幸福太危险,还是躲开的好。

但上面说的这些种可能只是逃避原因中的一部分,并不成为全部的原因。

不知怎么,对于幸福,哪怕是提到或想起,韩国人都会在情感上觉得有愧,或有犯罪感,认为是不道德的,因此干脆不愿意提及或想起。

韩国人开始说"我很幸福",还是从西方小说或西方电影中学来的。然而听上去还是像影视剧里的台词,或带有异性之间梦幻般的气氛,或像是搞什么阴谋诡计时的前置词。对于西洋式的幸福,韩国人是迟钝的,而西方人则会在收到一束花或一张卡片礼物时很熟练地说"I'm happy",牧师造访时也说"I'm happy"。韩国人虽然也会在信的结尾写诸如"祝你幸运"之类的词句,但这只不过是修饰语罢了,向对方的盛情表示赞赏或提出要求,并无实感。韩国人的身体里没有"幸福"这种血液,"幸福"只是躯壳而已。

日常生活中,韩国人彼此之间不用"幸福"这一词。韩国人与这一美好状态不仅因缘穷远,而且在习性上也对这一美好状态抱谦让态度。

值得留意的是,漫漫人生长河中,认为幸福这一状态虚无且危险的想法支配着我们的思维,反之,忍受不幸则是美德,这一观念已深入骨髓。

俗话说,"九合不足十合过","酒半醉花半开,福享半福","棉厚砸痛脚,福多压死人"。从这些俗话中可以看出人们的经验式观念:若都想要得到充分的满足,或处于满足状态,虽非罪恶,却是危险,有可能酿成悲剧。

我们的祖先都知道,除了一日两餐等基本需求外,贪恋别的物质是不道德的。饭疏食饮水,曲肱而枕之,乐亦在其中矣。但如今若只叫他饭疏食饮水,躺下后必会感觉饥肠辘辘,天昏地暗,而我们的祖先们则因为胸中的丰饶和安定,天也碧山也青。

物质这种东西,彼此都想拥有,因而产生矛盾;想要得到更多,因而招致竞争;担心会失去,因而感到恐惧;因为已拥有,所以感到傲慢;因为自身富有,所以导致放荡。这些都侵害着精神的安宁,所以说幸福是危险的东西。

儒学家金长生先生说,超人类的、绝对的"天道",必将对处于本能的、物质满足状态的幸福加以惩罚。俗话说,好事多"魔",幸福的人必会有倒霉的事。《周易》也教导人们:"日中则昃,月盈则食,天地盈虚,与时消息,而况乎人乎!"财物越多,失去的也越多。

宋时烈先生也曾说,幸福非人事,而是天恩,天恩若过,则有害于身。

老庄的小欲知足思想认为"知止不殆",佛教的无常思想宣扬"空手来空手去",儒教思想也否定幸福,在这些思想的熏陶下,韩国人对于物质的、本能的满足,产生了自虐式的抗拒心理。在衣食住行所有领域,都竭力克制本能行为的出现,韩国人对此已经是驾轻就熟了。

因此,在北间地区,夫妻俩闹矛盾时,若其中一人将枕头扔到院子里,即意味着散伙。寝室用品暴露在外,对于韩国人可是有大含义的。

再如,西方人用椅子,韩国人用坐垫。客人来了,拿出坐垫;客人走了,把坐垫收起来。想要坐得舒服是动物本能,韩国人对这种安乐抱有罪恶感。而西方人的椅子却是相对固定不动的。

韩国人的传统服装也是将身体彻底包裹起来,媳妇和女儿受到的教育是,迈步时步子不能超过脚尖到脚跟的距离。这些都意在压制人的安乐本能。

隐藏和压制本能的文化,使得生活在这种文化圈中的人们有自虐性。只有自虐,才是适者生存的条件,这一条件在历史长河中内化为骨子里的一种心性。

韩国人在想什么(1) 한국인의 의식구조

强烈的否定即是肯定

挨饿事小，人格事大

希腊神话中，西西弗斯因为背叛了宙斯神而受到惩罚，被罚在冥界里推一块巨大的石头上山，巨石到了山顶又会自动滚下来，因此西西弗斯的命运就是要不停地推石上山。"西西弗斯之石"的意思就是指永远没有结果的上升。生命不停、奋斗不息的韩国人一刻不停地向上、向上、再向上，也许就是一个个的西西弗斯也未可知。

每个人都在爬着自己的三脚架。三脚架的一边是衡量他所属的社会地位的尺度，另一边是衡量经济地位的尺度，还有一边则是人格尺度。每个人都处在三脚架上的某一刻度处，然后朝着更高的刻度奋进。人格、社会、经济这三种尺度中，不同的时代和民族会各有侧重。有时较之社会和经济尺度，更重视人格尺度，有时则更重视经济尺度。

西方人的意识结构中，这三边的尺度是能够保持平衡的：具有恰当的人格，确保适度的社会地位，并享有相应的经济地位，不会为了其中之一而牺牲另外两边。而韩国人的意识结构则不同，会为了某一边的上升而无情地牺牲其他两边的尺度。这是因为韩国人有着强烈的向上欲望。例如朝鲜王朝的价值观，重视人格尺度要甚于社会地位和经济地位好多倍。

如若父母去世，为了服丧，即便高官厚禄，也会弃之不顾，这是因为需要维持人格的尺度，故无法眷恋仕途这一社会尺度。如若老父母健在，则即便贵为宰相，也会自己要求到父母所在地区当一个郡守县令之类的小官，这样才符合向上的人格尺度。不仅如此，如若没有清贫的支撑，人格甚至都无法存在，因此贪财和过节就都意味着人格的堕落。旧时儒生之所以饿着肚子，还能怀抱骨气笑傲人生，正是因为对人格充满歆慕的缘故。

不要白不要

已故大提琴演奏家皮亚蒂戈尔斯基曾在韩国演出。演奏完后，观众热烈鼓掌。主办方和韩国音乐人都认为，这不同寻常的鼓掌喝彩应会让皮亚蒂戈尔斯基感到满意。但当问及对韩国观众的印象时，他的回答却让提问者大跌眼镜。皮亚蒂戈尔斯基的回答是这样的：

"我感觉韩国观众似乎不是为我的演奏鼓掌，而是为皮亚蒂戈尔斯基这个名字鼓掌。"

韩国人的鼓掌喝彩为何会让他有这样的感觉？这虽未可知，但皮亚蒂戈尔斯基一生中听遍世界各地无数鼓掌喝彩之声，他的敏感可以捕捉到个中差别，也许拍手喝彩这一方式成为意识结构的体现渠道。

我曾在电视上看到过著名指挥家富尔特文格勒的演出，二战后他首次来到巴黎指挥维也纳爱乐乐团。

演奏一结束，座无虚席的观众就全体起立，鼓掌超过五分钟，并不断喊"再来一个"。

富尔特文格勒等不下去了,便穿上外套出现在舞台上。而喝彩声还是不止,最后只好关掉场内照明。富尔特文格勒绝不会加演,他的这一脾气同他的盛名一样广为人知,高水平的巴黎音乐爱好者对此不会不晓。即便真的不知,以现场气氛来看,鼓掌喝彩针对的定是这位老指挥家的表演,而不是为了要求加演。即便是门外汉,也能从电视画面中充分感知到这一点。

韩国人对喝彩是比较吝啬的。但越是票价昂贵的外国音乐家的演出,拍手喝彩就越是热烈。这是不是一种"添头"意识的露骨表现呢?让音乐家加演,多听一曲是一曲。

韩国人的拍手喝彩中若没有"添头"意识在起作用,这才是不同寻常的。别人拍手,所以也跟着拍,在冷淡的态度上,韩国人无一例外。别人没拍手,我一个人拍的话多不好;我是不是比别人拍得多?别人拍手我不拍,会不会显得我无知?等等。较之自发性的意识,韩国人更擅长"对他意识",先环顾四周看别人怎么做。

用掌声营造会场氛围,激发演奏者的激情,催生更精彩的演奏,从而也让自己享受到更好的演奏;包括自己在内的每个观众,都有责任更好地带动音乐会的进程。而韩国人是不会作此考虑的,也缺乏共同的责任意识。

对于鼓掌体现出的韩国人的意识结构,可以做两点思考。其一，韩国观众大多不是"去欣赏 A 交响乐团演奏的 B 作曲家的 C 音乐，"而是对"去听 A 交响乐团演奏的 B 作曲家的 C 音乐"这一行为本身感兴趣。其二，韩国观众极度缺乏舞台和观众的共同感意识，即表演者和观看者之间是隔断的。

西方舞台直通往观众席，表演者和观者之间有着强烈的共同意识，而且能够自然形成观众之间的横向交流。也就是说，西方人把自己化为共同体的一员，而韩国人则是多元化的个体。

意识到他人而奉上的不同寻常的、习惯性的掌声，"添头"意识作用下要求加演的掌声，肯定和自发的、因感而发的掌声是不一样的。也许皮亚蒂戈尔斯基从韩国观众的鼓掌喝彩中感知到了。

不幸中之万幸？

说韩国女性史是把人变成木石的历史也不为过。木石化的过程充满了不幸。压力之下无法施以反作用，故韩国的女人们只能用自虐的方式来处理不幸，如望着月亮流眼泪，或捶胸顿足放声痛哭等。韩国女人们的哭丧之所以如此悲恸，并不是为了追悼亡人，而是借追悼亡人之机，有感而发，悲伤自己的不幸和否运。

或托于明月和理想乡，或遁入信仰。较之男性，女人们的信仰更为强烈，甚至能泰然自若地以身殉教，这正是由于女性较男性要不幸的缘故。对于不幸和悲运，女性很容易断念认栽，从某一幻想的对象中寻找安慰。

寒暄堂家训中有这样一条，意思是说古今遭遇祸事者数不胜数，若己身遭祸，则比之古今之祸，就能明白自己的不幸是微不足道的。

自古以来的处世经验告诉我们，要作如是想——不是自己一个人遭遇不幸，别人也同样遭遇不幸，或比自己更加惨烈。这是一种用比较来寻求安慰的方法。

对于不幸，韩国人善于采取内向化的处理，另谋他策。即往上寻找借口和理由，转嫁责任，从而忍受不幸。

自己的贫穷是因为祖上，发不了迹是因为风水，干偷盗营生是为世道所迫，考试落榜是因为正好碰到了自己不会的试题，因为运气不好。世道风气让你我都得承认，所有的坏状态都是运气不好的缘故，而非自己能力不行。韩国人对于以此道应对坏状态已经是习以为常了。

给不幸者以相应待遇，对此韩国人视为禁忌。对于韩国人的不幸，你必须予以承认：这些不幸无关能力，而是世道和祖上的原因所导致。这种美德使得韩国人越发去做内向化的处理，不采取积极的行动远离不幸，只一味地消极忍受。

这种韩国式的受虐癖逐渐深化，与佛教教义结合，形成了韩国式的宿命论。

今生是"业苦"之世。个人有生老病死之"四苦"，人与人之间的关系则有与所爱之人分离的"爱别离苦"，与所憎之人相遇的"怨憎会苦"。生活处处有苦。业苦有一百零八种，即"百八烦恼"。因此，韩国人若遭遇到不幸，便将之合理化为诸多业苦中的一个，叹一声人生即如此，然后默默忍受。

韩国人一开始就为最坏的情况做好了准备。安慰不幸者时常用的招呼语就有"还算好"、"这真是不幸中之万幸"等。这些招呼语可用在正式场合，人们也能从这些话里得到安慰。别人遭遇不幸，韩国人却说"还好"、"万幸",这样的国家大概也只有韩国。万幸是万幸,因此反过来说,韩国人除了最坏的情况外,总是感到幸福。在到最坏的情况之前,韩国人一步步地自虐,因此有足够的自虐余地。

韩国人在想什么(1) 한국인의 의식구조

强烈的否定即是肯定

怎能向这破洗脸盆行礼

从下面这个事例中,可以看出韩国人的"尊头思想"。

李光洙(号春园)流亡满洲时,曾陪申采浩先生同居一室。申采浩(号丹斋)被称为"韩国儒生最后的堡垒"。他漱洗完后,衣服前襟经常是湿的,就像孩童的衣服一样。流亡生活自是困窘,所谓衣服,就只有一件破旧的棉衣,湿衣服要在阳光下晒干了才能外出。晒湿衣服的活对于春园而言不能不是件痛苦的事情。

有一天,春园终于忍不住了,便劝丹斋洗脸时当心一点,不要弄湿衣服。因为丹斋站在洗脸盆前洗脸时,不低头,而是用两手捧水往脸上泼,因此总会弄湿衣服。

"您低下头去洗脸,衣服不就不会湿了吗?"

"什么?低下头?对洗脸盆这一微贱之物低头?这种奴才行径你让谁干?!"

尊贵的头颅只能朝祖先或父母低下,为了维护头的尊严,怎能去理会弄湿的衣服布片?丹斋的这种思维和行动,是韩国尊头思想、等次意识的强烈表现。

开化期时，美国向韩国派遣的传教士要先学习有关韩国的知识。其中必学的，是让西方人感到陌生的等次习惯。因为派遣方认为，如果不熟悉韩国的等次意识和次序习惯，是不可能在韩国传教的。

传教士学到，韩国人的房间虽然是四四方方的平面，但这一平面上的每个部位都有次序。这种次序一般没有区划或标识，很难区分，此时只要环顾周围的墙面，看冠帽挂在哪里，冠帽所在墙的下方位置就是上座，上座对面即是末席，进到韩国人的房子里去后一定要坐到末席。

对于西方人而言，最难理解的精神背景便是韩国人特有的等次意识。

因为头贵为身体之"头等"，处于最尊贵的地位，意指"上"，排序时列为第一。正是这一"尊头思想"，让韩国人成为世界上对次序最为敏感的民族，以等次意识把握自己，堪称骨子里的次序民族。

根源性的"尊头思想"巩固了等次意识，在尊头思想的基础上，次序社会的人际条件才得以形成。

尊重在上之人，从而使法律不发达的韩国社会维持住安定的秩序，这其中"尊头思想"起了很大的作用。

现代韩国人虽然摘了冠帽，但仍生活在帽子之下，并以西方式的价值观作为参照，批其落后。然而，我们应该知道的是，冠帽所具有的深层价值，即概念上的冠帽，自有其价值，且仍戴在我们民族的头上。

"臣为何人？"

朝鲜初期的柳宽，虽身为政丞，住的却是东大门外的两间陋居，连根草篱笆也没有，一到下雨天就漏雨，屋子里面还得打伞。身居陋室并不是因为政丞的俸禄少，他将自己的俸禄散给周围的孩童买纸墨，或救济族中穷困之士。

还有以抗拒燕山君而闻名的判书洪贵达，他住的是南山山麓的一间茅草屋，小得仅容一己之身，却起了个响亮的堂号叫"虚白堂"。这位洪判书说，尽管茅屋只有一间，坐在里面却能作九万九千九百九十九间的宏思。他的气魄和大度不得不让人惊叹。

通过下面这段文字，我们可以对《热河日记》的作者——朴趾源的府使生活略窥一斑。

"家里的丫鬟也跑了……有家室而穷困潦倒。虽是旅人命运，心却十分安适。手持书卷，若睡意袭来，便自睡去，无人唤醒。有时睡一整天，有时饿上三日。"

宰相李承召虽任判书之职，却身居三间草屋。世祖知道这一情况后，召见李承召，并问他，知书达理的大学者为何不安守祠堂。李承召回答说,其兄在平壤老家侍奉。这时,正好兵曹判书前来觐见,这位兵曹判书住的是雕梁画栋的豪华住宅。

李承召和这位官员同为判书,住处也是一前一后,相互却像不认识似的。世祖见了,觉得奇怪,就问李承召是否认得兵曹判书。

李承召对曰:"不识。"同为一朝之判书,相互之间怎会不识?之所以回答说不认识,是因为话中包含着轻视的意思。之后,世祖若碰到贪恋财物的臣下觐见,则即便认识,也会用李承召式的处理方法,故意问:"臣为何人?"把来者弄得惶惶然。

不仅世祖如此,"知面不知乎"成了一盏红色信号灯,因经济尺度而贬低人格尺度则成为儒生社会广为流传的一种风气。

为表彰宣祖时的名相李元翼为官之清廉,仁祖曾赐给他白色被褥。承旨官将白色被褥送至李元翼处,回宫后,君王问其生活情况。承旨官回答说:"其家不是瓦房,而是草屋,因漏雨,墙上满是斑痕,风能从门缝刮进来。"

"入侍四十年,位居领议政,却只有两间草屋!"说着,国王不禁红了眼圈。

李元翼去世后,都承旨李敏求负责治丧。据李敏求记录:"一介贫士,棺材费用一分钱都未备下,若无朝廷扶助,不知如何是好。"

如上所述，为了人格尺度的上扬，而将经济尺度压到最低，这是韩国儒生的本质，也是韩国儒生的条件。可以说，韩国人的意识结构是"单值"的，只遵从于单一价值。而西方人的意识结构是"多值"的，承认各方面的价值。与之相比，韩国人非此即彼，只坚守一种价值，并沿着这一价值的阶梯，不断努力向上攀爬。

强烈的否定即是肯定

心理学中,有种说法叫"约哈里之窗"。

这扇窗形似"田"字,由四块窗格组成。人的部分意识是为他人所知的,上面的两格即表示这一部分意识;其中,左边的窗格是开放的,表示自己和他人都知道的意识,右边的窗格则代表他人虽然知道、但自己想要藏匿的消极意识,如自己的才能或缺点。下面的两格表示别人所不知道的意识。左边的窗格是自己虽然知道,但却盲目压抑、不予露出的意识,右边的窗格是他人和自己都不知道的意识,即无意识。

人的意识都是由这四部分组成的。这四部分的比例大小因人而异。因此,各国国民在某一部分上会有大大小小的差异。

别人所知道的"我"这一部分,叫作"公己"(public self);别人所不知的"我"这一部分就叫作"私己"(private self)。

对比韩国人和美国人，虽都有无意识层，但较之美国人，韩国人的"私己"要大得多，反之，"公己"要小得多。也就是说，韩国人把别人所知道的自己极小化，把别人所不知的自己极大化，与美国人形成鲜明的对照。这种差异说明，韩国人在表现特点上比美国人隐蔽、封闭。

韩国人的这种隐蔽且封闭的表现特点在日常生活中体现为以下倾向：

第一，韩国人跟人接触是有选择性的，数量也少。尽量减少与陌生人的接触，从而使自我暴露的危险降到最低。坐飞机去国外旅行时，若旁边坐的是西方人，则多是外国人先发话，韩国人很少先开口。

举一个我以前坐飞机的例子。因为烟瘾很大，所以我坐到抽烟区后面的座位上。旁边坐的是一位身材高挑的加拿大女子。飞机一起飞，这位女子就叼起香烟，向我借火，由此搭讪起来。先是骂自己的婆婆，曝丈夫的隐私，说丈夫性无能，然后说自己是不是比一般女人更具动物性……如此云云，无所不谈。我的脸不禁红一阵紫一阵。那时，我深切感受到他们的私己层是多么单薄。

饭店大厅里若遇到从未谋面的美国人，无一例外地会跟你打招呼，或微笑，或叫一声，或做个手势，就好像是早就认识了似的。对于封闭的韩国人来说，这是陌生的礼节。

派对上邀请了外国人，或者受邀参加了外国人的派对，韩国人会在派对结束后，再开一个韩国人自己的派对，这让外国人感到很不理解。韩国人在正式的派对上无法好好吃，只有大家都是熟人时，才会放开肚皮。韩国人的表现特点为尽量躲避陌生人、隐匿自我这一点来看，这样的行为是必然的。

有一项针对韩国人和美国人价值观的调查,通过形容词进行了分析,从中也体现出韩国人的这一隐匿倾向。据调查,符合美国人性情的形容词出现频率依次为 frank, spontaneous, self-assertive, informal, humorous, talkative, independent, close, open, relaxed, cooperative, impulsive.

而符合韩国人性情的形容词出现频率依次为 formal, reserved, silent, serious, cautious, evasive, dependent, distant, deep, indifferent, tense, responsive.

两者对比来看,可知美国人是开放且乐于表现的,而韩国人是何等的隐蔽和封闭。

第二,在信息的传达上,韩国人传达信息的方式路线极其简约且暧昧。这是为了抑制自己的体验、意思及主观见解,尽量不表现给他人。

因此,韩国人的"Yes"和"No"的分界线只能是暧昧含糊的。对于来韩国的外国人而言,最使他们感到惶惑不解的就是这种模糊性。韩国人的"Yes"有可能是强烈的"No",而韩国人的"No"则有可能是强烈的"Yes"。

例如有个女子,她有自己一直喜欢的心上人,非常渴望这个男人向她求婚。而她的这个愿望却属于私己领域,是必须隐藏的。有一天两人约会,这个男人如女子所愿,向她求婚。此时这个女子所采取的态度八成是这样的:把身体一扭,背对着男子,咬着指甲不置一词。古今内外,这样的体态语分明是在表示"No"。可心里万分乐意,为何要用"No"来作答呢?这实际上是害怕私己因对方而暴露的一种条件反射,这一动作不表示"No",而表示"Yes"。

倘若是美国女子,自己朝思暮想的男子向她求婚,会作何行动呢?这位美国小姐肯定是一把搂住心上人的脖子,欢欣雀跃,给以强烈的"Yes"表示。同样是同意,美国人用"Yes"体态语表示,而韩国人则用"No"体态语表示。

曾在汉城活动过十八年的美国公使安连(1858~1932),在自己的回忆录中提到过下面的内容。

"韩国人接到邀请时,定会做出拒绝的反应,让邀请者感到不快。有一次我递了一封请柬给韩国官员,对方却以书面形式郑重加以回绝。送韩国仆人东西,觉得他们会喜欢,却也遭拒绝。受邀前往韩国官员家,带去西洋糕点给他家的孩子们吃,也遭到拒绝。我花了很长时间,经历了不少情感上的斗争,这才明白过来,原来韩国人的'No'就是'Yes'"。

美国驻韩公使安连所说的"No",是韩国人对他的好意表示出的谦逊,是接受之意的前奏曲。

眼和耳的交流

韩国人把大雨将至的阴沉天空形容为"没吃早饭的婆婆脸",而西方人则将这样的天空比喻为"庞贝末日"。可见前一个比喻较之后者,是需要观察力的。被火山灰覆盖的庞贝城的末日天空无疑是阴沉的,这是一种无需观察力的单维度比喻。而用"没吃早饭的婆婆脸"来比喻天色,却离不开三维度感官的作用。韩国人把私己隐蔽得很深,因此就必须有敏锐的眼力见。眼力见是不需要语言的,因此无言的眼力见的交流要比语言的交流来得多。

乌云密布的天空开始下雨了,媳妇一边奶着孩子一边熨衣服,旁边屋子里的婆婆发话了:

"小乖乖啊,要不要奶奶背啊?"

这话可不是对吃奶的孙子说的,而是婆婆对媳妇的吩咐,让媳妇快去把晾在外面的衣服收进来。媳妇用自己的眼力见领会了话里的意思,赶紧出去收衣服。

还有一种情况。

又要去菜地摘菜回来炖汤,又要烧火做饭,还要看护幼子,媳妇忙得是不可开交,而婆婆却在屋里抽烟袋。于是媳妇照着婆婆屋外的狗身上踢一脚,或对着门前溜达的鸡破口大骂,这样,屋里的婆婆以自己的眼力见领会其中的意思,提着篮子去菜地摘菜倒也罢了,如若继续僵持——"你即便不说,我也想着歇会儿就去菜地的,看这鸡飞狗跳的,看看到底谁厉害",媳妇就会冲着背上的幼儿自言自语道:"你苦命的娘呀,长三只手也不够啊。"

这些话是需要用眼力见来理解的,若翻译成不需要用眼力见来理解的西方式对白,则是——

"我背着孩子烧火做饭,忙不过来,你能不能提上篮子,帮我去菜地摘些炖汤的菜?"

"行啊,你即便不说,我也想着抽完这袋烟就去呢。等我五分钟。"

"好,五分钟后你要履行你说的话。"

"知道了,你放心。"

从家庭这一小集体,到国家这一巨大集团,韩国人无时无刻不在以自己审时度势的眼力见作着交流。若按眼力见温和行事,则如收衣服的媳妇一样,不会发生冲突,维持住家中的和睦。而若像那不愿去菜地的婆婆一般,则彼此顿生憎恶与罅隙。

婆婆得有眼力见,能从媳妇生柴火的架势中,从媳妇给浆的麻布内裙的硬度中,感知到媳妇的反抗;把握媳妇背上孩子哭声的质量、时间、场合等,识别是否是媳妇掐了孩子屁股把孩子弄哭的。因为掐屁股的哭声和狗被踢的叫声,都是媳妇胸中不满的代言。如今的盛饭勺都是塑料制品了,不会发出多大的声音,以往媳妇剐饭勺的巨大声响,可是借助眼力见这一媒介而发出的强烈宣言。因此,韩国人用眼和耳说的话可比用嘴巴说的要来得多。

韩国人在想什么(1) 한국인의 의식구조

强烈的否定即是肯定

天下有帝王,王下有百姓

纯祖16年(1816),英国舰队在西海岸航行途中,停靠在庇仁的马梁津。马梁津佥使登上英国军舰了解情况。下面便是英国人关于佥使的记录。

"我们为了表示对佥使的欢迎,郑重地搬来椅子,但佥使却表示不愿坐椅子,一直到侍从后来拿来席子铺好,这才坐下。"

佥使第二次前往巡视时,也是令侍从拿来席子后才坐下,坚决拒绝坐椅子。韩国人和西方人的居住文化有很大不同,椅子比席子或垫子要高得多,还有床。

第一任驻美公使朴定阳在华盛顿国宾饭店处理开馆事务时,不睡床,而坚持睡在地上。接到各国公使、各级官员前来拜访的通告后,就赶紧令下人把床搬掉。

韩国人觉得,铺盖等安乐痕迹被别人看到是一种耻辱,所以尽量将睡觉的欲望隐藏起来,就好像隐藏性欲与食欲一样。西方人的床和被子是铺好了放在房间里的,而韩国人早晨起身后,则把被子叠好,叠好的被子再放入壁柜,隐藏起来。若放在箱柜上,则用包袱皮遮盖严实。晾衣服时，被罩枕套等床上用品决不会晾晒到阳光充沛的前院，而是按惯例避开人们的视线，晾到后院里去，即使日头照不到。

朴定阳公使把床撤掉，也许就是韩国人这种特有意识的作用，即在规范中把欲望极小化，对高度表现出拒绝的态度。

从前，有规矩的人家确定了婚事日期后，就会教自家的女儿两样技巧。一是哭的技巧，即怎样收放自如地哭；二是怎样姿态端雅地坐着移动。媳妇过公婆屋子的门槛时，是必须坐着移过去的。此时要会调节膝盖、小腿、臀部的力道和肌肉，往前或往后移步。坐着移步的生活习俗是拒绝高度的文化所带来的一种必然。

领议政李元翼家的墙壁一到雨季就湿漉漉的，这不仅证明他的清廉，也说明衣食住行中的"住"在韩国人的生活体系中所占据的比重之轻。只要有个空间可以睡觉，就无甚更高的要求了。这种意识是怎么形成的呢？我们可以从多个角度来思考。

把手伸到窗外看外面是否下雨时，欧洲人是手背朝上，而韩国人则是手心朝上。有传教士根据对待上天时手的表里，来判断敬天思想的浓重程度，这也许在逻辑上有些牵强，但韩国人的敬天思想尤为强烈，这应该不会有异议。

过去、现在、未来全都由天心所左右，尽人事，听天命。政治代行天命，因此地方首领办公的东轩，即官衙内，处于中心位置的柱子就叫做"天柱"。天旱或瘟疫流行，首领认为这是上天降下的惩罚，便以头撞天柱，撞出血来，在天灾面前对自己的失职及恶政作自我惩罚。

天帝最高，天帝的代行者是国王，位居其次，再次是首领，是国王的代行者。在敬天思想的精神气质上，百姓应该是最低的，若高则是不敬，若不敬也许就会遭到某种形式的惩罚。

因此，京城里盖房子时，高度不得超过宫阙或官衙。专人定期巡查，如若发现超乎法度的房子，就会毫不留情地锯断柱子，迫使高度降低。地方上，则禁止房子高过官衙或官府。另外，父亲在世期间，儿子若将父亲住过的房子改建超过原来的高度，则法度难容，这也许是受敬天思想所形成的高度次序意识的影响。

在天、王、父等权威者面前把自己降格或压低，精神医学称这种意识为"父亲情结"。如果生活的方方面面都受敬天思想支配的话，那么这种父亲情结就会格外强烈，甚至把房子都压低。

除了天地间起到中介作用的塔和幢竿外，就不允许有其他伸向天空的东西了，烧火做饭的烟囱只能藏在屋檐底下。

职场是家庭的延长线

一次偶然的机会,我看到一份关于美国钢铁公司白领跳槽率的调查,问的是包括美国钢铁公司的工作在内,一共跳了多少次槽。令人吃惊的是,问卷调查结果显示平均跳槽次数是四至八次。更让人吃惊的是,管理岗位跳槽次数在八次以上者超过20%。

而据几年前的一篇硕士学位论文,韩国职场人士的跳槽率仅为2%。

韩国企业都是战后发展起来的,较之美国人的高跳槽率,可以说韩国人几乎不跳槽。

其实在美国,辞职和换工作是家常便饭。若是在美国工作的子女来信说辞职了,则美国父母不会觉得这是件多么严重的事情,他们担心的程度不及韩国父母的十分之一。

一般来说,美国人的职业精神很强,重个性甚于职场集团意识,坚守自己的计划,自我意识强。在工作中，他们的职业精神、个性、自我若受到伤害，或者得不到伸展，就会一走了之，而不是去想办法折中或调和。

西方式的经营原则是将人员作为经营体这一大机器上的零部件，把雇员作为搭建经营体这一组装品的积木块，零部件或积木块的性能有问题，或有磨损，或尺寸不合，就会毫不留情地更换掉。因为对于理性主义的经营而言，去除非理性的因素是理所应当的。

美国的雇主视企业为赚钱的手段。如果你问，"为什么企业非得赚钱？"他们会说，"是为了股东。"这也是要在资本主义社会中生存的企业经营者共同的想法。

换言之，在资本主义体制中，没有比这更明确的回答了，完全是实利主义的思维方式。

韩国企业则认为，虽然企业赚钱是为了股东，但也是为了雇员，而美国雇主却不太会这么想，赚钱上若生出一点差池，就会马上把这个雇员解雇，而不会感到歉疚。

相比而言，韩国企业就好像是一个扩大了的家庭集团，雇主是爸爸，高管是妈妈、舅舅，资历老的是兄长，资历浅的是弟弟妹妹、外甥侄子。

韩国人称父亲是"我们爸"，称母亲是"我们妈"，称自己家是"我们家"，这是韩国人的特色，不论是西方社会还是其他东方国家都查无此例。之所以使用"我们"这一集团性的复数称谓，是因为职场是家庭的延伸，职场的雇员是家庭成员的延伸。

正如自己的家庭和家人是宿命式的共同体一样，很多情况下，自己的单位即是自身的整个社会存在，成为整个生命所依存的情感要素。

戴上这一情感铸就的头盔,则无论经理抑或股东的思维方式有多西化,又怎能将下属当作是机器的零部件或盖房子的积木块!就算是自己创建的公司,也无法把它想作是经理或股东的。因为韩国人的意识结构天生就不容他作此想。

西方的职场在雇佣劳动者时,考虑其工作时间、技术、劳动量等因素,限于职场所需的要素和领域加以雇佣。这样,雇员只要按照约定的工作时间,提供约定的劳动量和技术就行了,之外的众多要素公司无权干涉,也不需提供关怀。例如,某位女职员只需完成约定的职务,至于下了班是去酒吧当女招待还是去当脱衣舞女,都无关紧要。

但对韩国企业来讲,与其说雇主和雇员是以工作为纽带的契约关系,不如说是有缘人之间宿命般的结缘体。就像原先素面不识的人结婚成家一样,职场也是命运的安排。

父母把子女交给单位时,同时也将先前所承担的子女为人、道德、人格上的责任委托给了企业领导。

在西方社会,只要遵守上班时间等规约,得到薪金作为劳动量的酬劳,便完成了西方式的契约关系。而韩国式的雇佣虽然也是以受雇者根据雇佣方的需要,提供技术和劳动,来实现契约的,但雇佣方要为受雇者作全方位的考虑,就好像家长把儿女交给班主任时,委托对方对子女进行全人教育一样。子女工作后,家长就会期望雇主及资历厚者给以全方位的指导和训诫,对其为人和人格形成施以影响。也就是说,参加工作即意味着从小家庭转移到了单位这一大家庭,即父权的移交。

酒喝多了,即便没影响到工作,也会被叫过去,挨几句训,这就是韩国式职场的特点——全人式的给予。

全人式的给予离不开全人式的考虑,因为有从全人角度的考虑,所以也就有全人式的给予。由于这个原因,在韩国开公司就变得困难起来。西方只考虑职务效率,而韩国的公司还多了一个经营"人"的任务。而人的经营除了出现的一些外部事项、出勤缺勤等工作态度、学历技术水平等等,还需要经历个人的自我洞悉这一复杂过程。

经营者要培养起与雇员亲同家人的感情,从人格的养成到为人处世的成熟,予以全面的调教。例如,除了业务外,还要知道雇员的忧虑、不满、性取向、烦恼,甚至家里有没有残疾人,那才算能耐,并且要处处给予相应的关照。

这种家庭式雇佣关系以结婚、生育、吊唁、庆贺、祝寿等相扶制度的发达为特点。所有的雇员都像一家人一样,分享喜悦,分担悲伤和难处。虽然相扶制度会使收入减少,但若经营者只按西方式的理性主义思维,无视相扶制度,则经营者就必被排斥在雇员们家庭般的抱团之外。

韩国人在精神构造上是不善算计的,收入的减少并不重要,重要的是家庭的和睦。因此,如果经营者记住雇员父母或儿子的生日,或雇员父母的忌日,送上祝贺之辞或哀悼之语,那么这位雇员在公司里的家庭归属感就会加深一层。若能为雇员家属开些慰安会之类的活动,则雇员的家庭生活将会对公司的运营起到促进效果。

家庭，是彼此相知相惜的人所组成的集团。将个人的秘密或隐蔽的自我最小化，去异存同，如此所形成的集团就是家庭。这种公开的同质集团，才是符合韩国人意识特点的集团。

　　以前，我们的先祖有一种习俗：对于团体或官衙等集团的新任者，要去除其异质性，将其同质化。

　　"新来侵虐"（免新礼）这一习俗曾在韩国尤为盛行，从中可看出韩国的集团对同心同体的同质性是何等追求。例如，从前新任者进官衙，不论官衔高低，都要由资历最老者当"房主"，举行免新礼这一仪式。

　　免新礼不仅在官衙里有，军队、妓院、监狱等过集体生活的地方都存在，用加强同质性的活动来消除新人的异质性，彻头彻尾体现出韩国式集团的存在方式，即消融西方商业社会所包容的职业精神、个人主义、自我意识等，图谋家庭式集团的融合。

　　韩国人把个人消融在集团之中，正是从韩国人特有的家庭意识开始的。因为这是一个特殊的民族，个体或个人能完美地消融在家庭这一集团之中。

2

跟从他人才安心

热衷留名的民族

去往耶稣举行最后的晚餐的地方,可以看到英国诗人拜伦的字迹。希腊苏尼翁的遗址石柱上,也有拜伦的笔迹。但这只是些简单的诗句,诗人并未留下自己的名字。欧洲的古迹遗址也偶尔可以发现涂鸦,但大多是涂鸦者的情感宣泄、玩笑及诙谐之语,或政治性标语,只留姓名的涂鸦极少出现。

而到韩国的名胜古迹,处处可见令人眼花缭乱的姓名涂鸦,或写或划或刻。让人不能不联想到,这种姓名情结是否是韩国人特有的意识体现。

很久以前,曾有一名高中生花了三天时间,到安养三幕寺望海亭的柱子、中枋、大梁甚至椽子上清点涂鸦。结果在这些密密麻麻无以复加的涂鸦中,清点出四千五百多个名字,而除姓名外的涂鸦只有三百多个。

还有一个修缮石窟庵时的例子。据说本尊佛高高在上的额头和鼻梁上发现有四五个名字。这是一项大工程,不用梯子攀爬上去的话,是不可能进行修缮的。偶尔也有著名人士的姓名,看到这些名字,让人陡生思古之幽情,原来他也来过这里啊！但除此效果外,每当看到岩壁上不计其数的名字,就不由得感到痛心——这真是破坏景观。韩国人特有的姓名意识催生出这种喜欢留名的习惯。

如果去中亚的荒漠旅行,就会偶尔看到很多一尺见方的长条石凌乱地排列着,这是游牧民的墓地。家中有人死去,就埋在这墓地里。逝者分男女,选择或凸起或凹陷的天然石,立在坟上,随即离开。

死去的若是处女,就把她颈上所挂的项链——大多是罐头剪开制成的——挂在石头上,以示哀伤。于是,寒冷的冬日,北风呼啸,冷风从游牧民墓地里含恨而终的少女们的罐头项链上扫过,那声音听上去仿佛是哭喊悲鸣的合唱。

日后,牧民们不经意从坟旁经过,想到这里埋着自己的女儿,洒泪而过。对于他们来说,死亡,便是一切的终结。

但对韩国人而言,死去可不意味着一切结束,而是虽死犹生。生者通过扫墓、祭祀、祠堂等媒介,不断地与死者交流,由此石碑发达起来。要想与生者交流,无形的亡者就要变得有形,而有形化的方式便是将名字刻在石头上,亡者便在石碑上永生。

正如建了一个新居民区后,就会有中餐馆、有教堂一样,在济州岛有这么一句俗话,有村子就有刻碑的石材店。这证明石碑已经成为生活的一部分了。

非但亡者的石碑多,活人的石碑也多。到每个地方搜集的碑林去看,功绩碑、不忘碑、善政碑、彰德碑、坚贞碑、爱民碑、颂德碑等比比皆是。

有段时期,惯例上地方首领到任后,百日之内要建起称颂其善政的善政碑。还未施善政,就预先立好善政碑,这一百日建碑的习俗无关善政,而是对于"名"的无限热衷,这种热衷已成为习惯。韩国人对于"名"的强烈执着,使得韩国形成了独特的碑石文化。

不喜大道喜小巷

　　首尔钟路的一条小巷通大街的巷口处，开着家烤肉店。烤肉店的大门虽然朝大街，却关着不开，而只开通巷子的侧门。问主人为何不开大门开侧门，主人说，客人中十有八九都是走侧门，朝大街的大门实际上并不需要。如果说客人们并不反感坐靠大门的座位，那么就必定是韩国人的某种倾向在无意识中起着作用。

　　朝鲜王朝五百年的时间里，八道中最繁华的便是这条钟路，钟路的构造很有特色，清楚地体现出韩国人的这一倾向。虽然因道路扩建，很多巷子都在消失，但钟路两边从1街到6街的窄巷还是清晰可见，巷子之间仅仅隔着一两座房子。钟路有"表道"和"里道"，"表道"是大道，"里道"是里巷。商家的繁盛，并不在钟路的大道上，而是在里巷，行人如织，地价也贵。尤其是吃喝玩乐处，在里巷尤为繁盛，因此不免脏乱,气味也丰富。韩国人在这些巷子里释放紧张的心情,找回心灵的安定。里巷符合韩国人的精神气质,因此尽管有大路,韩国人也非得制造出巷子来。

这归因于韩国人封闭而非开放的倾向,是内向的"里意识"而非外向的"表意识"的产物。

如果醒酒汤或绿豆饼馆子装修得四壁雪白,采光和照明设施完备,地上铺洁白的瓷砖,服务小姐都穿白色制服,那应该不会有太好的生意。光线有点暗,有点脏兮兮,端盘子的女服务生哪怕手背上有点污垢也可以,这才与韩国人心性中的某一部分相通。

那些加工好,包装得华丽夺目的商品,韩国人视为"表文化性"商品,而蔬菜、土豆、鱼、泡菜、虾酱等不靠包装的自然商品,则是"里文化性"商品。据说近来百货商店的生鱼片馆子、面馆、油炸食品店、血肠铺子等"里文化性"店铺很是红火,这种经营方式可谓是将"表文化性"的百货商店与韩国人"里文化性"意识结构相结合的成功事例。

音乐歌舞剧的女一号海伦·海斯曾来韩国演出。记者招待会上,她风趣地说:"韩国的舞台用黑暗把我和观众隔开,我感觉很异样,就好像是我一个人在玩似的,也不知道观众是不是趁黑在睡觉。"把自己藏在黑暗之中,旁观别人表演,海伦·海斯似乎对此不太满意。

俗话说,"给犯癫痫的铺张草席,让他犯却不犯了",意思是擅长的活让他表演时却不会了。这也说明较之明亮的舞台,韩国人更喜欢当观众。西方人习惯了舞台,上了讲台,也和平时一样,既不感到紧张,语调也没有变化,玩笑也开得自然。

而韩国人对舞台却相当生疏,上讲台后的讲演语法也另有一套,一改平时的抑扬停顿,语调也产生变化。

　　舞台是表,观众是里,西方人无甚表里的区分,而当韩国人身处"表"的场合时,就必有变化相随。

跟从他人才安心

以公为私，以私为公

个人的表皮太脆弱，从而隶属并依存在集团的表皮下。韩国人的这一意识特点从各个方面驾驭着韩国人特有的生存习性。例如，列举韩国人的缺点时，必提的一条——"公私不分"，就是拜此意识所赐。在家庭这一集体中变得懦弱的个体，之后成为某一职场、某一团体的一员时，便又隶属在新集体的表皮之下，保护懦弱的个体。

美国人进入职场这一集体，根据合同完成劳动时间、业务种类、劳动量后，就又回到个体。而韩国人则是整个人的从属，因此延长工作时间、增加劳动量、混合业务种类等等司空见惯。许多的公司，都是打字员负责端茶送水，这种风气再自然不过了，可谓是公私相混的代表例子。因此职员们可以在上班时间里享用茶水，看女性来养眼，享受家庭的氛围。

公司因公务而雇来的临时工，可以差他去跑腿，擦皮鞋，买香烟，而不会感到丝毫不好意思。就像家庭式的集体中，父母兄弟之间没有利害算计一样，在职场这一集体中，因为是"全人"的参与，所以也不会有利害的算计。往往迎合上司的"为私"的力量和努力，要比"为公"的力量和努力受到的评价高,因此升职也快。

这样,假公济私就相当普遍。用公车捎带上司的家属,把公务外的支出作为公家业务费用报销等。从韩国人的意识层面上来看,成为政务革新对象的这些不合理现象是事属必然。

从上司的生活,到上司太太、孩子的生日,再到父母、祖父母的忌日,都要努力记住;上司外出,要及时迎送;没有玩高尔夫球的财力,欠了债也要陪上司玩;上司想吃的、想要的东西,要随时奉上。诸如此类的努力,要比花在公务上的努力艰难困苦得多,而这些韩国人却习以为常。可见具有懦弱的个体表皮的韩国人,为了不脱离集体表皮细胞,所采取的生存手段有多悲壮。

农业改良指导员到农村宣传改良品种及高产技术时,苦口婆心地把成功事例介绍给村民,说寒冷的初春人家如何给苗床保温,如何犁两次地云云,而被启蒙者的反应大多是相视而叹道:"他那么勤快,产量应该高才是。"好像是别人的事情,与己无关。改良违背了传统的集体意识,标榜个体意识,因此村民感到生疏,产生抗拒心理。

整治火田民之所以遇到障碍,是因为披着个体的脆弱皮肤转业,就好像被丢弃到荒野里的饥儿,感到惶恐不安。

政务革新时,公务员们叫得很响,最大的原因是他们会失去公务员这一集体保护膜,从而感到一种个体被剥光的不安。当初是公私相混的整个人的参与,而现在是整个人被驱逐,因此比美国或欧洲社会的失业要悲惨几百倍,打击也更大。

"私"蚕食着"公",反过来"公"也蚕食着"私"。例如,只要是公务员,就有作为公务员这一集体的本分;公司里则有职员的本分;学生有学生的本分。这些分内之事不像美国,下班或放学后就算完了,而是除上班、上课的时间外,延长至全天二十四小时,无时无刻不束缚着私人的生活。不仅时间上是这样,空间上也是如此。对集体名誉有损的言行是不容许的,因此即便不在职场,公务员也不得有违公务员的本分,教授则遵守教授的本分,职员遵守职员的本分。

教授续聘评审标准中有一条关于"职品"的规定,这也是韩国所特有的现象。在公务员服务准则甚至各公司的规范中,对"职品"有明文规定、对违背行为明令禁止的,大概也就只有韩国和日本这两个国家了。

鹭梁津曾有女巫的行会,叫作"风流房"(律房),行规规定,若女巫因从事娼妓营生而败坏了全体女巫的职品,就将施以残酷的私刑,裸身接受杖刑。年前,打击西大门派黑社会组织时查到其约法书,约法书中的规定让人不寒而栗——"若背信弃义,败坏组织职品,则断一脚趾。"

如上所述,公生活渗透进私生活,公私混淆不清,私生活的延长提供了无限的便利时空,从而私席上也能够进行公务交涉,形成恶性循环。人情债、行贿受贿、渎职等,所有的腐败都在公私混淆之间自然形成,韩国人的意识结构为其提供了相当的便利和保障。

韩国人喜欢形式甚于内容,喜欢名分甚于实利,这也是集体意识结构的产物。

"wife"赶走"妻子"

去西餐厅吃西餐,总是被问及选面包还是米饭。若答"给我饭",则十之八九的店员会回之以"您是说 rice 吧",一边还流露出轻蔑的表情,就好像在说:"连 rice 这个单词都不知道,还来吃西餐?"这反映出一种优劣意识,即"饭"这一韩国语词汇很卑俗,而"rice"这一外来词很高尚。这种青睐外来语的倾向把我们固有的词语变成了废词。就像 rice 正在扼杀米饭一样,milk 扼杀了牛奶,truck 扼杀了货车,record 扼杀了音带,ice 扼杀了冰,wife 扼杀了妻子,husband 扼杀了丈夫,甚至还出现了英语中都没有的"国产英语",如 old miss、air girl、old boy、hit and run。还有"烤肉 patinni"、"去 enjoy"、"获得 hit"等混合词,我们都已经听顺,成为通用语了。

较之中国人在引进外来语上的不敏感和封闭性,韩国人对外来语的崇尚就显得突出。中国人将人名、地名等专用名词音译,如牛顿、杜威、康德、林肯、安徒生等,除此之外,音译的普通名词就只有咖啡、幽默、摩登及可口可乐等少数几个。外来语大多采取意译。如 lamp 译为洋灯,escalator 为电动扶梯,helicopter 为直升机,television 为电视,concrete 为混凝土,folk dance 为团体舞,ski 为滑雪。

近来,找回传统名字的活动方兴未艾,掀起了评比并表彰传统名字的风潮,从中涌现出很多美丽的名字。就选出的名字来看,多是字义像韩国语,而音却带有外国名字的韵味。换言之,起名运动的结果是并未摆脱崇洋倾向,只是将字义换成韩国语;即在西化的底子上再韩国化,而无法实现根源上的韩国化。

西方女性名字大致可分为两种元音类型。朱莉、玛丽、露西、南希、贝蒂等,这些以"i"收尾;苏珊娜、露西亚、玛塔、赛琳娜等,这些以"a"收尾。据抽样调查,西方女性名的 73% 都属于这两种类型。

期间哪些名字当选为美丽的名字呢?其中虽有纯粹的韩国语名字,但不少名字都带有西洋色彩。如"i"类型有朴米莉、柳雅丽、金美亚丽、崔叶妮、朴优莉、孟娜丽、金赛洛蜜、禹斯密、崔赛蜜;"a"类型则有尹赛拉、李哈娜、李杜娜、李赛娜、李露答等,这两类名字压倒多数。

这些带有西洋韵味的传统名字的诞生,是一个很好的样本,从中可见韩国人的崇洋习性深化到何种程度。

很多韩国人去法国留学回来,都说世界上最好的国家就是法国,若别人说法国有哪点不好,他就会比法国人还要生气;而听说韩国的缺点后,则不仅不发火,还放大了到处去强调。正如拜伦哀希腊、劳伦斯为阿拉伯一样,身处异国时,会感受到不同于故国的魅力。但所谓异国魅力,因和故国有着本质的区别,所以无从比较,谈不上与故国孰优孰劣。那些人之所以那么说，是因为他的优越感或劣等感等情感背景，被韩国人尤为严重的崇洋倾向所触发，并被极大化。

只要是韩国传统的东西，那么尽可随便骂；只要是外来的东西，那么尽可说好。我们这些韩国人，真是生活在一种奇怪的世风里。

社会学将自己所属的集团（家庭、乡土、国家）内发生的事物称为"自生文化"，集团外发生的事物称为"他生文化"。

1970年，合众国际社（UPI）以56个国家的63个城市的青年为对象，统计出外语的习得率，调查了对他生文化的热衷程度。结果显示，亚洲城市中，首尔和胡志明市、雅加达的习得率最高，高于东京、香港、曼谷等城市。当然，这其中也有政局原因，但也可以视为韩国人崇尚他生文化的一种体现。也许现在到了掀起矫正意识革命的时候了，从崇尚他生文化引导至崇尚自生文化，尽管路漫漫其修远兮。

最后一片肉

在牛杂碎汤馆子要一盘白煮肉,或在啤酒店点个炸薯片,几人围坐在一起吃时,就会出现一个有趣的现象,那就是盘子里剩下的最后一片是没有人吃的,最后就剩在盘子里。

虽然可以夹来吃,但不知怎么,要夹来吃的话,就会生出一种抱歉、难为情,感到自己没教养,羞愧难当之情,从而使得筷子无法往前伸。不管是什么食物,每个韩国人都有过这样的体验。对这最后一片的回避,是韩国人所特有的一种意识,在外国人的餐桌上是不会有这种现象的。为什么会这样呢?当盘子里有很多片肉或薯片时,可以以"我们"的资格去吃,而当去夹那最后一片时,埋没在"我们"中的"我"就会显露出来,成为一种有损于"我们"的行为,因而感到抱歉、感到难为情、感到没教养,产生负罪感。

在"我们"至上的社会,"我"的显露总是会带来负罪感。韩国人的进餐过程中,总伴随有对"我们"的考虑。不能因为好吃、眼馋,就不顾"我们"的眼色,专拣好吃的吃;也不能像西方人一样,先扫到自己的盘子里,确保自己的那一份,然后开吃。

彼此之间并没有什么约定,说最后这一片不能吃;也并不存在什么迷信,说吃了这最后一片,就会有不幸事件发生。但盘子里的最后一片,总是没人伸筷子,最后就剩在盘子里被撤走。记得有次参加小孩子的周岁庆,我怎么也不好意思去吃盘子里剩的最后一块蛋糕。

通过与国外生活的比较,我发现韩国人饮食习惯中对盘子里最后一片的回避,是韩国人所固有的一种倾向。那么,这种倾向的背后,是什么传统文化因素在起作用呢?

假设吃了盘子里剩下的最后一片肉,吃肉者就会想,其他人会因为我吃了这片肉而觉得我没有教养。也就是说,韩国人执着于在平等的立场上,吃同等的分量,从而在同吃的集团中保持平衡和稳定;而若去吃最后剩下的一片肉,则会打破集团的这一平衡,显露出自己的过度欲求,这在集团生活中是异端行为。个体常常受到集团无言的监视,而在西方社会中,想吃掉最后一片肉的本能欲望并不受集团的制止或监视。

韩国人已养成为集团而牺牲自己的习惯,而西方人则较少自我牺牲。两者的差异使得"最后一片肉"的韩国式阐释成为可能。

身体语言

韩国式集团是彼此熟悉的小集团,可以用无声的身体语言来传达信息;而西方式集团是存在着众多未知的大集团,若不通过语言就无法存活。于是乎韩国人察言观色的能力特别强,因为要通过察言观色来解读对方的身体语言。

从最直接的脸部表情、眼睛和眼球的方向、眼皮盖住的程度、嘴唇的紧张或松弛状态、脸色、头部的角度等,到手的位置、身体扭转等体态,以及无法直接体现出的肌肉的紧张、皮肤的温度等无意识的身体变化,诸如此类,都要发动起五种感官及第六感,捕捉细微表象,输入洞悉力这一"电脑"进行处理,判断出对方的意思来。

很多韩国人交谈时,遇到需要显露"私己"的情况时,大多不置一词,而代之以无声的身体语言进行交流。

例如,当被问及"你喜不喜欢他"时,韩国女孩子是很少用语言来回应的。

尤其是把握长辈及上司的心意时,不能开口去问,而是百分之百通过周围人的身体语言去审时度势。婆婆是这样,父亲的情况也是一样。

　　身体语言的频率是跟与自己的熟悉程度、亲密程度成反比的,越是难,越是惧怕,越是有权威,身体语言就越多,就越是需要洞察力。

　　身体语言的原始性也让韩国人产生出很多问题。某大学社会学系以首尔中流阶层主妇为对象,进行了有关"城市夫妇之间的交流"的田野调查,从分析结果来看,夫妻俩在一起时只看电视、一句话都不说的情况要占到59.2%;一语不发、安然而坐,这种情况占2.4%;交谈的夫妇占24%,话题多为家庭问题、子女问题、经济问题等,谈的都是必须说的内容;只有极少数的夫妇会谈到不必要的话题,如外面发生的事情等。可见我们这个民族是多么的"无语"。

　　韩国人忌讳自我表露。这里引用一项调查结果,来看看韩国人的自我表露程度(self disclosure scale),以此作为结论。

　　这一研究是由美国的社会学家瓦兰德完成的。他将韩国人、中国人、日本人等东方人比照美国人进行分析。虽说这项研究不只针对韩国人,但中国、日本和韩国属同一文化圈域,不会有大的区别,将这里统计出的东方人自我表露指数视为韩国人的指数上限,应该大致不错。

　　这里省去调查方法,只列出结果如下。

类别	东方人	美国人
兴趣爱好	1.26	1.63
事业	1.13	1.62
意见	1.06	1.40
金钱	0.96	1.43
人格	0.90	1.29
身体	0.69	1.14

表1 分类别自我表露程度对比

对象	东方人	美国人
男朋友	1.12	1.55
女朋友	1.10	1.55
母亲	1.00	1.38
父亲	0.75	1.25
陌生人	0.27	0.63
不信任者	0.02	0.39

表2 分对象自我表露程度对比

首先,分类别自我表露程度对比如<表1>所示。

所有类别美国人的自我表露程度都比东方人要高。例如隐藏的身体缺陷方面,东方人的表露指数为0.69,而美国人的表露指数较高,为1.14。

又如东方人的金钱、人格及身体方面的表露指数都小于1,由此可知这些是东方人所要隐藏、不愿表露的。

分对象自我表露程度指数如<表2>所示。东方人对母亲或朋友表露得较多,但对父亲的表露指数却小于1,更不用说对于陌生人或不信任者了,对于后两者,东方人能够一点儿都不把自己表露出来。

值得注意的是,美国人对不认识的陌生人表露自己的意思、想法或心情的程度,与东方人对自己父亲的表露程度近似。东方人的平均自我表露程度为0.74,较之美国人的1.13,只有美国人的一半。尽管二战后风靡美国潮,美国人的思维方式及生活情感对韩国人影响巨大,但在表现特点上,东方人的自我表露程度仍不及美国人的一半。

与中国人或日本人相比,韩国人在文化、历史、道德上对私己的压制要厉害得多。如果有单独关于韩国的指数分析,那么显然要更低于上面东方人的指数。

大韩帝国末期的美国驻韩公使安连著有《韩国风物》(Things Korean),书中称,"跟韩国人说话后就会知道,话不管多长都无实质内容,没有意义,只是浪费时间。他们只重形式,善回避,多犹豫与沉默,决定暧昧不清。要让他们说出真意,不亲同父母兄弟的话是不可能的。"他的这些观察也有一定道理。

憾恨的泪水不让它流

首尔西大门外,还留有一个老地名,叫做"眼泪桥"。如今虽已被水泥覆盖,但从前这里是一条小溪,溪上有座木桥,桥一直就叫这个名字。翻阅古籍时,偶然查到这座眼泪桥的汉文名,叫"泪桥",让人思绪联翩。

翻开词典,"泪"与"涙"两字是同义同音。意思一样,音也一样,为什么有两个不同的字呢?如果其中没有合理的缘由,同义同音的两个字有存在的必要吗?我的疑问就像树的枝杈一样向外伸展。

从象形上来看,"涙"字是流淌着的泪水形象。"戶"字是眼睛形状,下面的一点让人联想到泪滴,点下面的"大"字就像长长的泪痕。也就是说,"涙"是指流淌的眼泪。

那么,跟流淌的眼泪相区别的是怎样的眼泪呢?很简单,还有不流淌的眼泪。眼中有泪,但不越边界,而是含在眼眶里。三点水加一个"目"字,"泪"可以解释成不淌落的泪的象形,即指不流淌的眼泪。

那么,泪桥有着怎样的一段故事,要让人含泪而泣呢?

泪桥的对面,曾经是西小门刑场。1801 年、1838 年、1866 年,天主教遭迫害时，大批天主教教徒殉教，在这里被处决。

罪人的家属亲知们不得不在桥头作生死离别，在这里上演凄惨的悲鸣与挣扎。行刑后，追着向桥边拉去的尸体，跌倒、哭喊……就是这样的一座桥，划出生者与死者界限的桥，成为阴阳之间的奈何桥。

一座眼泪的桥。

为之起名为"泪桥"的不知是哪个韩国人，他的观察细致得令人心痛。

为何与亲人生死离别的极限情况下，韩国人也不落泪呢？奔涌至眼眶、马上就要滚滚而落的泪水，韩国人是以怎样的意志将之压制住，不让它奔流而下呢？

泪如泉涌，用眼睑收住。若流淌出去，就完全是另外一种情况了。因此，在每个紧张的瞬间，都要努力挽留住另外一种情况之前的状态。流泪是轻而易举的，忍住不流，就好比放弃做轻而易举的奴隶，而选择艰难困苦的自由。噙着的满眼泪水，因含意志，所以美丽。

伤离别。不让流的离别之泪更能留下圣光与余韵。让泪水流，是精神对亲人的完全投射，意味着自我的消散。含泪而泣，则是对离别亲人时的自我的发现，意志中包含着对败北者所带走的青春的怅叹，以及对自我的悔恨。于是，"泪""涙"相比，"泪"要更加艰难，更具哲学境界。

从前，韩国的女人们哭泣时是不流泪的。夺眶而出的泪可以用手帕擦去,而韩国的女人们则是用衣带或裙裾的一角,偷偷往眼角上一按,吸去眼眶中的泪水。古时韩国妇女们从来没有手帕,就是因为从不流着泪哭泣的缘故。

我小时候是个病鸭子,好几年病怏怏的,母亲大概以为我活不成了。冬天的一个晚上,烧得迷迷糊糊的我睁开眼睛,看到在旁边做针线活的母亲,正低声唱着一首以前从未听过的杂歌。与其说是歌,不如说是连调子高低都没有的单调吟唱。

　　小儿八岁病七年
　　长眠或许是安然
　　雪夜漫漫　吾儿可怜
　　离娘而去不觉寒

母亲没看到我睁开眼睛,也不知道我在听她吟唱。即便她看到我睁开眼睛,也无法看得清楚,因为母亲的眼里满含着泪水。

母亲的泪水正是这种"泪"。后来我才知道,这是长湍许氏夫人悼念自己病逝亡儿的曲子,无意间已在西道和南道作为杂歌广为流传。

年轻时,曾看到席勒的诗《悼念亡儿之歌》,又听了马勒作曲的同名交响诗,想到母亲的"泪",我的眼中也不禁生出"泪"来。当时的情形,至今历历在目。

我有一个朋友,恋爱结婚后离了婚,离婚后又马上再婚。他的前妻抱定独过余生的决心一个人生活。就在这个春天,这个朋友再婚七年的新妻子去世了。我参加了葬礼。让我吃惊的是,他的前妻也来了,帮着在厨房里刷锅洗碗,一直忙过三日葬。

守夜时,有人见到这幅光景,惊讶地说:"从来没见过这样的女人,她怎么能够做到的?"

另一人在旁边附和道:"就是啊,为了这个抛弃她的男人,这么伤心,还过来帮忙。"

一位老婆婆在后面听了,插话道:"不是,她可不是为了前夫哭,她哭的是这个死去的后妻。费尽心机贴上来,却好景不长,所以伤心啊。"

觉得那抛弃自己的丈夫可怜,所以哭,这话让人无法理解;说是为那窃取自己位子的女人而哭,这也无法理解。但那女子明明是一边饮泣,一边帮着做事。这眼泪的含义于是便成了一个问号。

后来偶然有机会又遇到她。我按捺不住好奇,便如实相问。于是她笑着对我说:

"两位都说错了。我之所以哭,是小丑的泪。我把位子让给那年轻女人,并不是我的失败,而是为卸下人生包袱的主动选择。葬礼时前去帮忙,也就是像去熟人家里帮忙一样,很平常的事。只是帮忙做事时,守夜的客人们都把视线集中到我身上,我不就跟小丑没什么两样嘛。我这个女人为何总是被大家这样看?这么一自嘲,眼泪就出来了。"说着,她略略地笑了笑。

生命诚可贵,脸面价更高

那是发生在飞机上的一件事。当时飞机正飞往新德里国际机场,旁边坐着个衣着考究的印度人,请我帮他填写入境登记卡。这个印度人是在香港登机的,包着头巾,浑身散发着高级香水的味道。手上戴的钻石戒指之大,是我生平所未见。从穿着上来看,钱很多的样子,却似乎是文盲。

我按着入境卡上的每一项依次问过后,帮他填上去。这个印度人一边回答,一边自言自语道:"我大字不识一个,不也成了大款。发明文字这东西的人该被诅咒。"

我心里暗自好笑,把写好的入境卡递给他。他一边称谢,一边把手伸进内袋,竟然摸出一张一百美元的钞票递给我。霎时,我感到热血上涌,羞愤难当。这种感情不光是我,换作别的韩国人遇到同样的情况,也会有这样的反应。

这个印度大款应该不是为了羞辱人才给钱的,而递钱与接钱之间的物理空间如此之近,只有一尺不到,但在钱的传递上,韩国人和印度人意识作用下所延展开的心理空间,却似乎相隔千里万里。

当然，这钱作为代笔的报酬，受之也无妨。另一方面，我也确实是想要这钱。何况韩国人常被误认为日本人，拿了这钱也无关国家声誉。省着点花的话，可以充当十天左右的食宿费，算是笔大钱，对于捉襟见肘的海外旅客来说，不能不说是一笔横财。

尽管这样，我还是郑重地表示了拒绝，把钱退了回去。不想这个大款作出一脸嗤笑的表情，一边望向窗外，一边又开始自言自语道："老天，要面子的人也该被诅咒。"

华莱士有部小说，叫《诺贝尔奖》。书中提到，女性赤裸时的羞耻感并不是全世界都一样，而是有社会性，因国家而异。接着，书中叙述道：

"假设偶然遇到脱得光光的瑞典、法国和美国女人，她们会首先用手遮住下体。如果是中国女人，就会先遮住脚。萨摩亚女人则会先遮住肚脐。"

那么韩国女人会怎么做呢？不用说，定是先遮住脸。脸面对于韩国人来说，有着重大的意义。在拉丁语系中，"脸"这个词只表示物理性的表面，并不像韩国，还含有精神方面的内容。

韩国的"脸"除了物理性表面的意思外，还有很多用法。如作"体面"解的，有"抬不起脸来"、"丢脸"、"没脸见人"、"往脸上抹黑"等；有作"情面"、"见识"解的，如"面子大"、"面子广"、"看某人的面子"等。词义上的区别正是韩国人的意识结构所致。较之西方人，脸面所代表的体面或情面为韩国人所重。

因此,对于韩国人而言,脸面重于财产;为了面子,韩国人甚至不惜性命。弄得不巧,面子问题会使内阁解散,挑起战争。

权威和名誉重于物质

一民俗调查资料中,采集了一则关于杨平龙门山疟疾岩的传说。

有个小姑娘,患疟疾三年,四处求医问药也不见好。有一天,母亲让小女孩走在前面,自己走在后面,一同爬上十余丈高的断崖。因为有种说法,说受到大惊吓,就能把疟疾赶走,于是母亲就想出这个法子吓女儿。她把女儿重重一推,心想,这下疟疾该被赶走了,便面带喜色,回家去了。

结果不言而喻,孩子的疟疾是赶走了,然而命也没了。给孩子治疟疾,当以救孩子为前提。因为看着孩子长期受疟疾折磨,焦虑日积月累,考虑不到会致孩子于死地的严重后果,而实施突发式的行动。韩国人的这一倾向通过诙谐的故事生动地反映了出来。

"为杀臭虫烧房子","盛怒之下去养汉"。不光是俗话这么说,韩国人真能这么做,这些俗话一语道破韩国人的这一精神倾向。

说一件发生在胡志明市的事情。美国人开了一家冷冻工厂,雇了五名韩国技术员。到了第一次领工资这天,得知扣的钱比预想的要多,这些韩国人便收起工资找到经理室,然后一句话也不说,放下工资就转身离去。

第二天,他们还是照常来上班。感到惶惑的是美国经理。究竟是哪里不对,没人找他理论或协商解决,而是像坦塔罗斯的池水一样,用一滴不留的方式来表达自己的意思。这是一种自虐式的处理方式。在计算、报酬及钱的往来上,用完全放弃自己的利益和权利来表示不满。西方人非但对这样的行为无法理解,甚至感到滑稽。

西方人持理性主义的价值观,二是大于一的,虽不比三大,但却绝对比零大。韩国人则不同,某种情况下韩国人会觉得零比二和三都要大,认为大损失是小收益。这就是我们这个民族,不平等、屈辱感、被边缘化等精神上的伤害,要比物质上的损害大得多。

不管是什么物质利益,只要给身份、权威、威信带来伤害,就加以排斥。我是纯文学作家,所以报刊小说是不写的;我是学者,所以杂文是不写的;我是性格演员,所以通俗电视剧是不演的;我是高级别公务员,所以路边小摊是不光顾的;我是局长夫人,所以跟平民夫人们是不掺和的。

因此,不管是什么物质利益,只要韩国人认为有损其主观的、精神的威信,就会毫不犹豫地抛弃。

"韩国人有很多宁死都不愿做的事情,不是为了现实中的自己,而是为了成就理想的自己。不管有多穷多失败,他自己和别人都会认为这是因为家世或运气不好,而绝非能力不行的缘故。与韩国人相处时,要善于发现高于其实际情况的他,并以此相待,这才是一种美德。如若做不到,就会招致恶感。"

上面这段文字的作者是美国人威廉·森德,韩国名字叫"山岛",大韩帝国末期曾任宫内府和外府的顾问。这段话准确地道出了韩国人的意识特点。

从内部寻找竞争对手

韩国人喜欢从内部寻找竞争者,而不是从外部。例如,越是职位相同、职责相同的同事,就越容易敌视和反目。即便是好友,也会自进入同一班列起,渐生敌意;对方若犯错,或被上司训斥,就会暗自欢喜。

"见堂兄弟买地就肚疼","见亲家卖地胃口就好",这些小心思都是拜韩国人从内部寻找竞争者的内面意识所赐。

从竞争的形式上也能体现出这一意识结构上的表里之别。所谓竞争对手,外部也有,内部也有,而韩国人主要是从内部来寻找竞争者。

小学生们的竞争者常常是自己的同桌,或是隔壁家最亲密的玩伴,或是亲戚家的小孩,因为父母总是把他的考试成绩跟他最亲密的好朋友作比较。

于是,当自己的好朋友伤了病了,或挨老师批评了,就会隐隐地感到痛快。成人的社会也不例外。两人做同样的事情,一样的职衔,差不多的实力,越近就越容易生出敌意。于是,内讧纷争之类的就成为老生常谈。

西方人是从外部，即"表"处来寻找竞争对手的。

加拿大作家露西·蒙哥马利的代表作《绿山墙的安妮》中，写到课堂上学习同样优秀的两个孩子，两人虽然也相互竞争，但此时班级同学们同时为两人加油鼓劲。换成我们，肯定会指责对方利用特权，而去拉对方的后腿。相互竞争的两个孩子的共同敌人是其他学校的学生，因此内部的竞争是善意的，真正的敌人要从外部寻找。

而在韩国，同事之间很少有齐心协力应对外部敌人的。很少携手努力提高成绩、提升业绩，赶超对方年级、学校，或院系、公司。

上级或长辈的脸上若阴云密布，则不去找阴云密布的原因，积极加以处理，而是把这一压力下放，招致内部不和，火星四溅。

某一集团在某种外部压力或作用下，不是齐心协力、想方设法去应对外部的压力，而是任这一压力进入内部，引起分裂和派别之争。韩国人的派别之争之所以激烈，正源自这种内部树敌、在内部判明对错寻找原因的暗面意识。

因此，韩国人老是骂祖宗，只要是传统的，不管什么都骂，把贫穷、落后、非理性、非人性、非科学的所有反面价值，都归咎于祖宗。

即便祖宗真做了该骂的事情，韩国人也不会去寻找那让祖宗之所以这么做的外部原因。

这种暗面意识使得韩国人的视线总是折向内部和过去,没有展望外部和未来的余地。

英国鱼类学家诺尔曼博士讲过一个关于蝴蝶鱼科中一种蝴蝶鱼的动人故事。

英国的海岸,大浪掀起,把蝴蝶鱼刚产下的卵冲上沙滩。蝴蝶鱼见了,迅速跳上岸来,用巨大的腹鳍护住卵。这些恰被一只秃鹫看到,秃鹫喜食蝴蝶鱼卵,便落了下来。于是蝴蝶鱼竖起尖利的背鳍,向秃鹫宣战,拼死护卵。卵平安无事,雌蝴蝶鱼却被秃鹫的喙啄死了。这则鱼的美谈让人唏嘘不已。

韩国中南部海岸,也有同属蝴蝶鱼科的蝴蝶鱼。正如韩国人长得比英国人矮小一样,韩国的蝴蝶鱼也比英国的要小,但长得却是一样。韩国的蝴蝶鱼夏季产卵,产下卵后,用黏液浸润,含在口中孵化。而鱼鳍较其英国同类要不发达得多。

同一类鱼,西方的具有挑战性,韩国的则只会防御,此中差异,是否是海流和气候等环境因素造成的呢?

跟从他人才安心

韩国人内在的他律意识之坏处，可举如影相随的形式主义。

个体是不需要形式的，集团则需要形式，从形式可以预见集团。没有哪种形式是无关乎集团的，因此在集团的他律意识占优势的社会里，形式优先于内容。

假设银行里对账时少了一元钱。如果是韩国的银行，肯定会让全体职员加班加点，熬夜核算，找出那一元钱。

但若是美国的银行，则要先算一下找这一元钱所需的时间和费用。为找这一元钱，若需十人上夜班，则要算这十人的加班费是多少。若找这一元钱所需的费用，比这不见了的一元钱要多，则放弃寻找，将之作亏损处理。而在韩国，则会由于"数字要对上"这一形式主义，即便花费是这不见了的钱的几千倍，也一定要对上才罢休。

他律意识的另一坏处,是成年后也摆脱不了幼儿性。韩国人一旦越过家或村子的边界,到了公共的领域,就会变成依靠他律来行动的公共幼儿。幼儿无法像大人那样对自己负责,做具有建设性的人。"请勿吐痰""请勿乱扔垃圾""禁止随地小便""请勿攀折树木"等,随处可见的这些标语不是对儿童的警告,而是对大人的劝诫。集团中在道德上已经成熟的大人,一旦脱离集团的界限,进入公共领域,就会像这样变成道德上未成熟的幼儿。

对于幼儿来说,最为不安的事情莫过于一个人呆着,脱离母体是最大的不安。

假设一个单位的人都去喝酒了,单单没叫我,那么对于韩国人而言,此时感觉到的与其说是不快,不如说是脱离母体的不安。于是,若有谁跑起来,则他律性的人们生怕自己落伍,都会先跑起来再说,至于为什么跑、为什么非跑不可,则是以后的问题,当务之急是先盲目地跑起来再看。

假设一个人在路上仰着头朝天看,那么路人无一例外地都会朝天看,即便什么都看不到也要看。路人中若有个西方人,他当然也会朝天看,但当他判断为没什么可看时,就会继续走他的路。而韩国人则一边嚷着"怎么了?怎么了?",一边继续朝天看,一直到他律性的判断出来为止。

流行虽说全世界都有,但流行传播速度的快慢在很大程度上为民族意识结构所左右。较之其他国家,韩国的流行速度堪称高速,这也可以用他律意识的作用来解释。

不仅是迷你裙、牛仔裤的流行速度,谁若搞出了一种商品,从中得了好处的话,类似的商品就会蜂拥而出,形成过度竞争。例如,哪里出了本畅销书,那么这书的山寨版之类就会在四五处同时出现;一种冷饮热销,则所有的食品公司都会争先恐后地生产类似的冷饮。且不论这是否符合商业道德,这些行为都可以视为韩国人生怕脱离母体的意识对商业行为的作用。

再举一个例子。在美国的街道上,常常可以看到母亲跟在小孩子的后面追,而在韩国,清一色的是小孩子跟在母亲后面跑。然而,跟在后面追着跑的不仅仅是小孩子,大人也追着跑。从他律的集团脱离,成为韩国人情感及情绪上挥之不去的情结。有流行歌曲的歌词为证:

> 松开妈妈的手,转身而去时
> 鸥鸥鸟叫了,我哭了
> 我爱你,永远爱你
> 自从你离我而去
> 思念的泪水不尽地流

虽然短小,但却是个有趣的例子,体现出韩国人的集团他律意识是多么的强。

好奇心要深藏不露

　　从前的儒生们除了说话表意这条渠道不通畅之外，手势、眼神、身体动作、笑、表情等其他方面也都得如木石一般。

　　情感的直接表露尤其被视为不妥。例如，接到妻子在穷愁潦倒中去世的消息后，哪怕是眼中有泪，这一点点的情感表露也会在儒生社会中受到责难，从而使仕途受挫。这样的事例不在少数。为什么呢？因妻子去世而涌出的泪水属于"私己"情感，若控制不了而表露出来，则不够儒生资格。

　　非但悲伤之情是这样，愉快、高兴、喜悦之情也是不能流露的。即便看到新奇的东西，也不能表露出好奇心。

　　大韩帝国末期，美国驻韩公使安连有一次在公馆里举办宴会，招待帝国大臣。安连为了助兴，弄了一台当时还是稀罕物什的留声机。那时留声机发明没多久，声音刚可被保存。然而，看到这一新奇玩意，大臣们如出一辙地镇静自若，就好像没看见也没听见似的。

　　安连的简短致辞后，韩国人致答词，这些均被录下，半小时后用留声机重新播放。公使想，这下大臣们该大惊失色，落荒而逃了吧。

然而，当刚才公使的演说和自己的答词被一一回放时，大臣们依然置若罔闻似的。

对这种泰然的态度，安连公使表示：韩国人有很多地方不能理解。对此，史学家文一平评论道：

"东方式所谓'喜怒不形于色'，也该有分寸；遵守'玩物丧志'等儒家戒律，也应有分寸。作为现代文明高科技的产物，留声机甚至能把自己刚才的答词回放出来。见到这一神奇功能，却无一丝感叹，若非木偶石人，则真是神经麻痹的病人了。不动心到这种程度，反过来是有害处的。朝鲜人尽管很早就接触到近代文明，但之所以如此落后，其原因之一，未尝不是领袖们这种视若寻常、听而不闻的态度所致。"

那为何见到这一新奇的留声机、听到其中播放的录音后，都没产生好奇心呢？其实并不是没有好奇心，只是这好奇心没有穿透"私己"这一厚壁而显露出来罢了。于是，韩国人的表情肌僵硬退化，并变成遗传因子传承了下来。

有首童谣唱道："我家奶奶笑和哭，都是一个样。"笑的表情和哭的表情看上去差不多，这老奶奶的表情正是韩国人表情肌退化的佐证。不仅是哭和笑这些悲喜的表情，还有哀怒的表情、惊奇的表情，看上去都差不多。

这是因为韩国人的表情肌未能发达起来，无法分门别类地表现如此丰富的感情。换言之，私己的隐蔽和表情之间，有着密切的因果关系。

睡觉干活，干活睡觉

英国人类学家德斯蒙德·莫里斯有一部著作叫做《裸猿》。裸猿的意思就是无毛的猴子，指的是人。猴子整天一刻不停地从这棵树跳到那棵树，很是忙活，而狮子却终日优哉游哉地卧着。猴子常食树叶，最好的也就是果实，营养价值低，必须整日不停地觅食，否则就无法满足身体之所需。与之相比，狮子靠猎食动物为生，连内脏都不丢弃，吃的是完完全全的营养餐，然后舒舒服服地躺上两个星期也无妨。猴子不停地动，负担重，体力不断消耗，还要加速劳动；狮子不动，相对休息的时间就长。

对比猴子和狮子，不禁让人联想到，那赤条条的猴子是韩国人，狮子则是西方人。韩国人的主食是大米和蔬菜，属素食性，肉只在祭祖等场合才用。到现在，肉也不过是辅食。

相较而言，西方人或中亚人的主食是肉，为了不至于吃腻，才稍稍进食些蔬菜。为此，食素的韩国人不停地动、不停地忙活，而食肉的西方人则是忙的时候忙一阵子，休息的时候彻底地休息。

狮子猎食动物时，哪怕是只不起眼的兔子，因为会拼命奔逃，所以狮子必须奋力追赶；若是体型较大的动物，则会拼命反抗，狮子不使出全力来是不行的。然而猴子的食物是树叶及果子，没有必要投入全力。

也就是说，西方人劳动时即使倾注全力，一到休假，便投入休养和娱乐的世界。而韩国人工作和休假的界限是模糊的。韩国人整天干活，却在干活的中间聊聊天，喝喝茶，抽抽烟。究竟是工作还是玩耍？两者的界限不明确，终日边干活边玩，边玩边干活，实乃猴子习性。

因为不需倾注全力，所以也不紧张，不太需要另外的休闲。西方人的职场生活则不同，上班时不能喝茶，不能闲谈，不能会客，打电话也只限于业务关系，此外都要推到下班以后。上班时间内做着高强度、高压力的工作，一到点，就像抽刀断水一样，甩手而去，进入到自己的私生活中。

韩国人的上班时间里，工作强度不高，压力也不大。给朋友写写信，问问老婆晚饭吃什么，剪剪指甲，擦擦烟斗，咧开嘴对着镜子照照牙齿缝。即便晚半小时、一小时下班，也不会感到劳动过度。也就是说，从共同生活到私人生活的转换是模糊不清的。

韩国人对休闲不起劲，而把干活当休闲。工作中有玩耍，玩耍中有工作。

从前先祖们的职务习性中，也清楚地体现出这一特点。

甲午改革后，六曹革新为衙门，中央官署的官吏们都带着草席和木枕来上班。清出一间馆舍，工作中习惯随时去睡个午觉。俄国公使巴普洛夫因外交事务前往外务衙门时，照例找到这一"午睡房"，叫醒官吏处理事务。

朝鲜中期，政丞判书们除入朝觐见外，主要在家中办公，这在当时是很正常的。中宗时，左议政李荇住在汉城南山脚下的青鹤洞，如野人一般，衣着破烂，拄着杖，逍遥于树下或溪谷的岩石上，当有录事官带来公文，便在上面裁决批复。

有则很有名的轶事，说的是一天傍晚，录事官有事向政丞报告，便骑着马找到青鹤洞。在青鹤洞口看到一个老头，脚登木履，衣衫不整，背着个小孩在闲逛，便问道："政丞在吗？"老头答曰："我正是。"录事官闻听，惊得从马上掉下来。

公私不分到如此程度。

一举两得的妙趣

韩国人公私不分的猴子习性并不是一无是处,未来社会中,韩国人这一猴子意识结构也能有其益处。例如在西方,会面时间精确到几点几分,稍稍提前或略微推迟到,都是不礼貌的。然而此种方式在将来多样化的社会中,肯定是不合理的。

以前,我在国外的时候,曾跟一位美国学者约好,去他家见面。到他家门口按下门铃时,比约定的时间大概早了五分钟。

过了一会儿,他太太出来,说现在是她丈夫喝咖啡的重要时间。看她一脸不情愿的样子,似乎是让我五分钟以后再来。也许以他们的思维方式,这是理所当然的,然而对于这种做法,我却无法不觉得是一种冒犯。于是我找了个不至于让对方感到不快的借口,转身走了,因为没有必要带着这种被侮辱感去见他。

除了这种引起恶感的事情外,交通情况也有可能造成时间上无法避免的损失。西方人说两点见面，韩国人则说两点左右见，可见后者是比较合理的。从前社会生活简单，社会整体节奏比较合拍，或许可以做到；而现代社会构架复杂，纵横交错，整体节拍很难一致，因此稍稍起到缓冲作用的韩国式的暧昧反而是合理的。

西方人有很强的边界意识，而韩国人的边界意识则很模糊，这不仅体现在时间上，空间上也是如此。

别说乡下，就是在城市里，也常有毫无预告的突然造访，且这种出乎意料的造访还能从伦理上找到依据——不事先告知，就能减少对方接待的负担。

有一次，我去关岛一个经营农场的韩国人家里，他们家的农场与美国人的农场相邻。正说着话，这个韩国人突然打住，拿起枪就冲出去，朝着自己窗外的小猪崽就是一枪，然后痛快地放声大笑。见我吃惊的样子，他便笑着将原委讲给我听。

原来这个美国人还保有从前那种开疆拓土的精神气质，边界意识（Frontier Spirit）何其强烈，如若看到邻家的牲畜跑进自己的农场，立马就开枪击毙。因为这一强烈的边界意识，邻家韩国人已经有三只鸡、一只狗横尸枪下。韩国人去找他抗议理论，总是碰一鼻子灰回来。于是韩国人便伺机报复。这回美国人的小猪崽终于给了他复仇的机会，怎能不大快人心！

射杀无辜家畜、制造出此等悲剧的美国人，不管从什么角度来看，其边界意识都无甚积极意义。

边看孩子边生火，边纺纱边叹命苦，边游山边找名墓，边采桑边看佳人，边干边学，边打字边端茶，边抽烟边写文章，这些"边……边……"即是对边界意识的否定，作为裸猿特性，也可谓是韩国人的传统智慧和底气。

不同于"边……边……"的折中方式,近代西方的方式是划清界限、泾渭分明后,投身进去全力以赴,这样虽然做得彻底,不无长处,但缺点是缺乏融通性,过于排他,容易陷入孤立无援的境地。近代是以分化和专业化为本质的,未来社会将把这样的近代变得无所用处。

例如,对于边打字边泡茶,不能光以"公私相混"、"前近代"来抨击,应看到其积极的一面:泡茶不是职业,而是营造氛围,让职场成为充满业余爱好、私人性和家庭性的场所。对于口渴要去洗手间喝水的美国人来说,是无法理解这种其乐融融、如家庭般温馨气氛所具有的效果的,他们有的是理性主义的浅陋。

韩国人的生活节奏应有不同于西方的新标准,这一标准应从韩国的特性中去发掘,而不是一味崇尚西方式的节奏。不管猴子多么善于模仿,也不可能朝夕之间就成为肉食动物。

外黄里白的香蕉族

我们来看看香蕉。香蕉的皮是黄的,揭开后,里面是白的。美国等白人社会中,存在着盲目认同白人的韩国人,当地俗称他们为"香蕉";并取其盲从白人主子之意,称之为"黄皮肤的汤姆大叔"。然而韩侨二代多数变为香蕉,并不只是美国的现象。

有位老韩侨,大韩帝国末期曾在密阳当长工,后移民美国,发家致富。这位老韩侨问我:"现在密阳洛东江边是不是还是一大片荒滩?"然后便翻出他当年的梦想,说每当走到江边,放下背负的沉重担子稍憩片刻时,就会想到,若能将这荒滩垦为农田,就可改变这长工的命,还能娶上媳妇;如今若回故国,即便无法再务农,也还是想实现少时梦想,把那片荒滩变成农田。并恳请我帮他打听打听,看是不是有办法实现。

老韩侨的"香蕉二代"在旁闻听这番话,斜着眼睛把双眼放光、如少年般兴奋的老父亲上上下下瞟了几眼,然后对我说,老爸疯了,一发作起来就说要到洛东江边去垦荒,让我别把这话当真。

过节时怀念故国,做身韩服穿,儿女们便嫌丢人,把他关在家里,不让出去；韩侨老人们好不容易聚到一起说说韩国话，儿女们怕邻居听到，赶紧关上窗户。老韩侨叹了口气，抱怨道："他们把我当成疯子了。"

那是一张韩国式的脸，历历可见受尽磨难的沧桑和憔悴。里白外黄的香蕉，非但韩侨二代是如此，说解放后的整代人都如此也不为过。

文化人类学家玛格丽特·米德女士论文化时代时，将其分为继承父辈（传统）文化的纵向文化时代，吸收邻人（外来）文化的横向文化时代，以及将外来与传统结合的逆纵向文化时代，而从纵向到横向时，文化便开花结果。

韩国的横向文化时代是从开化期开始的，持续了一百多年，气焰颇盛，直到今天还未见衰歇。这一时期，邻家的外来文化成了优等文化，父亲的传统文化则成为劣等文化。众人争先恐后地要脱离劣等文化圈，奔向优等文化圈。在变为香蕉的过程中，韩国元素是丢人的，让人感到羞惭的。

礼物与共同体意识

每逢传统佳节,照例会开展"不送礼不收礼"活动,许多市民也都认为应该这样。然而,不管是上街宣传的人,还是觉得此举正确的人,到了传统佳节,若真的没去送礼也没收礼,就会有种茫然若失感,似乎被边缘化了。这并不是没有礼品收受后的空虚,而是一种意识结构上的孤独,因为同时失去了附着在礼物上的韩国社会的某种纽带感。

礼物就像两面神,具有两面性。某些礼物应该消灭,且可以通过启蒙或自觉去消灭;某些礼物则不但无法人为地消灭,反而应该发扬光大。

哲宗时,外戚金左根、金洙根、金汶根住在校洞,金炳国、金炳学、金炳冀住在寺洞,因此人们用"校寺朱门"来概括安东金氏家门的权势。一到过节,八道三百六十州的首领们都提着礼物,潮水般涌至校寺朱门。哪怕能献给官老爷的骡马再走,也已经感到万幸。大院君时,千、河、张、安四大姓为权门望族,据说门中仓廪有十二间之多。

此种收受礼品的传统一直延续至今,成为构成礼物习性的一个重要因素,即戴着礼品面具的贿赂。此种礼物应该予以打击,也是能够取缔的。要想营造一个健康的社会,就必须消灭这种礼物。

然而,韩国人喜欢收受礼物,不一定是那种具有目的性的礼物,喜欢收受礼物是一种特殊的民族气质。去国外旅行的人也许会有共同的心事和苦衷,那就是回韩国时该买些什么礼物。

没谁提出一定要礼物,但却觉得非买不可,这是因为韩国人意识中存在着一个公分母,是关于礼物的思维定势。飞机上,免税店里,排着队,最大限量地购买烟和酒,这似乎已成了常识,便是这一礼物意识公分母所起的作用。

西方人在旅行途中,买够自己享用的就行了,而韩国人则在购买自己的那一份前,先要考虑亲戚、同事、邻居,哪怕能分给每个迎送者一包烟也行。

曼谷国际机场的海关工作人员对我说:"韩国人买东西,总是找那些不太贵的,而且一样的东西一买就是好多。"这话正是韩国顾客的写照。

韩国人这一尤其突出的礼物习性,从韩国人的信仰里也能找到。其原因就在于频繁的各种祭祀。

西方人信唯一神,而韩国人是多神信仰,从祈雨的天神,到山神、村神、龙神、水神、岩神,从所有的山川草木,到送子三神,以及可从五代上溯至十代的众多祖上神,韩国人信仰的神俗称有三千两百位,因此祭祀也多。

当某一共同体举行部落祭、祈雨祭,或祈祷丰年的先农祭时,参加者并不是自己要去,而是作为共同体的代表,由他意决定后,才踏上祭拜的旅途。为部落祈求消灾安泰、祈雨、祈祷丰年等行为,并不是祭祀执行者个人的事情,而是整个共同体的事情,因此前往参加祭祀的人,为的是去接受神意,并将神意带回,分给没有参加的共同体成员。

一般家里举行祭祀后,都有与祭主分吃祭祀食物的习惯,这叫作"饮福"。各种共同体祭祀时,牛、猪等供奉给神的祭品也要在祭祀完后分吃。"饮福"和分吃祭品,并不是说因为祭祀完了就可以吃了,而是因为祭品上附有神意,分吃即是象征性的取得行为,意味着自己的身体也获得了祭品上的神意。

因此,祭祀结束后,附有神意的祭祀食物就被瓜分,带回村子。即便只是一块糕,一个苹果,一个栗子,也要分成两半、四半,大家一起吃。不在乎东西的分量、大小、贵贱,以及质的好坏,而作为一种象征性的宗教行为。

我还清楚地记得村里举行祭祀时的那种节日氛围和兴奋心情。年幼的我在林间小道上,终日等待参加祭祀的祖父归来。

从前,村里举行堂祭的那天,大人要求小孩子必须等参加祭祀的祖父归来,这在当时是一种风俗。当看到祖父沿着江边堤堰姗姗走来、衣衫随风飘摆的身影时,我们便欢欣雀跃,飞奔到他身边。祖父从袋子里掏出栗子等坚果,还有枣子、柿饼递给我们,说这是供桌上的,吃了不得病,可以驱邪消灾。这已风俗化了的巫术行为,与疼爱儿孙的情感相交织,便成了条规矩——堂祭食物要分着吃。因为堂祭祈祷的是村子的安泰,所以共同体的成员有义务和权利来分享这附有安泰神意的祭品。

礼物,韩国语作"膳物",原本就是指祭祀所供奉的食物,具有将某一共同体意识凝聚起来的神通力,是必须由共同体来分享的,如今"礼物"的意思便是这样转化而来。

也就是说,礼物是将神意进行分配的行为,这一分配使得某一集团能够受到神明的保佑。这就使某一共同社会或某一集团紧紧地凝聚起来,使集团成员认识到自己所处的共同体。礼物所起的,正是这种粘合剂的作用。

高祖之下的祭品,要在"五等亲"之间作为礼物分享;时祭的食物,则在家族中作为礼物分享。礼物便成了螺帽,把家族共同体成员紧紧地旋在家族共同体意识上。这样,家祭成为家族共同体的向心力,部落祭成为村落共同体的向心力,韩国人对这些共同体的归依意识,以及不惜牺牲的强烈的共同体意识,成为世界上任何一个国家都难以见到的独特现象。

然而,这只局限于家族或部落,没能升华至国家层次,因此无法避免弱势国家的悲哀。但在国家这一集团中卑躬屈膝的人,却可以为了家族集团的名誉而自杀,韩国人这种特殊的精神气质便是由此而来的。

如果说与美国人有什么共同之处的话,那就是不受自己所属的集团的统一支配,而是按照流淌在自我之中的个体逻辑来行动。

在韩国绝无可能的事情,在西方却自然而然地发生着,两者存在着意识结构上的不同。韩国人虽未能将之扩大到国家规模,却能将个体的意志消灭在自己所属的小集团的集团意志之中。

培养这一集团意识的养分正是礼物。没有人要求,却觉得非送不可;如果不送的话,就会感到被边缘化,这正是韩国人的意识结构所致。这一意识结构是我们的宝贵遗产,团结的向心手段。我们要开展启蒙和自觉的课题,把不纯粹的成分从我们的礼物意识中过滤掉。

平凡名下的安居意识

我有个朋友,住在龙仁的一个有着十几户人家的小山村里。村里人心敦厚,他过得很是满意。搬家到这里时,村里人都动员起来帮着搬。土豆收获了,也煮熟了给每家送。人情味浓浓,让他感到了生活的意义。

不久前,他为女儿们买了架钢琴。女儿们在钢琴方面很有天赋,参加过比赛还得过奖。钢琴被运来的那一天,村里人一改亲切友好的态度,没人过来帮着搬钢琴。他们见了这与山村很不般配的东西,都在一边袖手旁观。

这个朋友说,自此后,他开始感到自己被边缘化了,曾经很是享受的山村人情,现在也感觉不到了,对村子失去了感情。

围绕村里的这架钢琴,我想了很久。

我们国家的农村或山村都是自然村落,山村里的生活智慧就是要平凡，因为要保持共同体的共性。才能特别突出，或做事有特异的个性，或怀抱与众不同的抱负，这样的人会被视为异端，被边缘化。俗话说，"见堂兄弟买地就肚疼"，这并不是因为见到堂兄弟过得好就心生嫉妒，而是因为以韩国村落共同体的平凡伦理来看，突然的大变化是异类的。

大家都穿韩服，只有你穿西装；别人都梳髻子，只有你留短发。就像西装和短发是平凡性中的异类一样，钢琴是山村的异类，远离了村子和和美美、与世无争的生活条件。

不仅农村共同体如此，整个韩国社会就是由等价的类型化群落架构起来的，由之形成了韩国人主要的思维方式。例如，长期在国外留学、学成后回国的有才之士，在国内学术界、学校或单位里常会受到排挤。

个性、能力、才华等，均受集团的严格限制，只有宅在平凡名下的类型圈圈内，才能过得安稳。

在韩国，集团生活的奥妙就在于把钢琴搬进山村这一行为的自制上。这并不是说要牺牲能力和个性，把自我埋没在平凡中，而是要发掘调和之长处，既能让能力和个性施展，又不挫伤平凡伦理。

虽然西化之风早已将这一平凡气质刮得东倒西歪，但事实上它却俨然健在。不要有棱角、不要出格、不要鹤立鸡群，要与平凡气质相融合，越是能适应这样的新经营时代，就越是能在韩国职场中获得存在的意义。

正如韩国的集团拒绝超乎寻常的事物和器材一样，鹤立鸡群的天才和脱颖而出的才能也不受欢迎。

赵光祖和金玉均之所以为当时政界所排斥，遭遇到悲惨的结局，就是因为他们在集团中是出格的天才，且太过于激进。大凡赴国外留学并学成回国的海归，都会在其就业的集团中遭遇边缘化，这正是他们在集团的普遍性传统中太过特殊的缘故，就好像钢琴之于山村一样。

　　类型化集团中，个体的思想、喜怒哀乐、轻松与焦虑、对与错、希望和不满，这些毋庸说都是需要最小化的，反之，毫不犹豫地为集团劳作甚至献身，这是需要最大化的。

　　只是这集团仅限于家庭、家族、村落、职场、团体、同门等小集团，没能扩大至国家、民族等大集团，因而增益价值也就无法发挥，这是什么原因呢？

　　集团价值观受西方思潮影响，正逐渐向个体转移。我想，在这混乱之中，怎样克服，怎样从小集团扩大至大集团，对这些问题的思考，也许是韩国人打开生路的方法。

隐藏自己窥探他人

韩国人强烈的好奇心,是以隐藏自己、刺探他人为特点的。为这一习性提供方便的,是韩国的生活用具——簾。簾起到的作用,相当于西方的窗帘,把外界和内部相隔开。拉上窗帘,便与外界隔开;拉开窗帘,内外界便相通。而这"隔"与"通"的中间效果,窗帘是无法达到的。

而这簾,只具有"隔"与"通"的中间效果。拉上簾,外界往里是隔断的,而从里往外是开通的。这是一种复合型结构,就如同眼镜的效果一样,可以隐藏在簾后看别人。簾作为韩国的生活用具,之所以发扬光大,并成为生活必需品,也许离不开韩国人意识结构的作用。

  簾呀簾,十层簾,怎将心遮掩
  细簾缝,密簾缝,透出缕缕情
  片片剪,丝丝剪,编成花鸟簾
  与郎挂窗前

——南原民谣

簾所挡住的，是韩国式的恋情，这一恋情在诗中表现得如此美丽。原本藏着挡着的东西，现在要打破"不许看"的禁忌，非看不可。"渴望看"的这一愿望，为"不许看"的禁忌所触动，反而使注意力更加集中到了对象身上。换言之，禁忌刺激并增强了好奇心。韩国人的好奇心是在"躲着看"这一文化模式中形成的，因此也以"躲着看"为特点。

　　韩国人喜欢给车窗玻璃贴膜，也许是同样的道理，外面看不见里面，而里面却能清楚地看到外面。

　　根据常识，只有稽查车、转播车等特殊车辆，以及高人气知名人士乘坐的车才会贴膜，但贴膜如此流行，到政府不得不下令禁止的地步，这也是隐藏自己、窥探他人意识的表现。

　　这一倾向，是韩国人强烈的隐蔽意识作用的结果，这一隐蔽意识，与引发出的好奇心结合起来，形成了簾文化。

　　簾文化还能从韩国女性的"幽闭性"上找到原因。出嫁时，眼睛上涂蜂蜜，嘴里含枣核，耳朵里塞棉花，这一风俗本身即象征着韩国女子幽闭的人生。她们被局限在"家"这一囚屋里，就连堂兄弟等近亲也无法见到，不能听，不能看，不能说，仿佛自我不存在，从而形成了隐藏自己以及不藏不行的意识。禁忌诱发的好奇心，使得她们习惯于月夜趴着墙头往外看、藏在门后透过门缝看、从松树疙瘩上的洞往外看、透过簾子往外看。

这一窥探倾向一直渗透到政治、经济、文化、体育以及私生活,体现为意识的相背,一方面隐藏自身的实力、优缺点、过错等,另一方面急切地打探对方的实力、优缺点和傲慢。

妇女们的心思也是一样,一方面不愿让别人看到自己家的日常起居,另一方面却又想把别人家的家什、厨房看个究竟。很少有人直率地显露出自己的实力和优点,抑或自己的脆弱、短处和错误,不论是政界、经济界人士还是学者,都是一样。

对于别人的事情,韩国人总是刨根究底,到处去说,所以不光是眼睛上,心上也喜欢戴副眼镜。

心口不一

在学校说日本话,回到家说朝鲜话,对于日据期的这一矛盾做法,儿时的我无法理解,便跟五六个小朋友一起去问祖父。

祖父迟疑片刻,告诉我们说,那是因为日本吞并了朝鲜,并补充说,必须把日本人赶走,争取独立。

听过这话后,又过了几天,祖父跟家里人讲起三一运动时的情形。祖父讲得很是真切,说日本宪兵捉到一名万岁党人,便将全村人召集起来,当着全村人的面,将这名万岁党人处死在桥下,就像杀条狗似的。

"喊一声万岁,两手往上一举,这样就能独立么?要这样就能独立的话,那谁不会举啊?这么一来,白白落得个惨死的下场。自己家里人这么说说,你们可千万别学着犯这种傻啊。"

眼前的祖父,和几天前讲着要赶走日本人的祖父判若两人。同时看着这两个祖父,我无法不感到一种背叛。于是我追着问祖父,为何他的话自相矛盾。祖父给我来了个"毛栗子",说道:"小崽子,那时有别的孩子在所以才那么说,现在不就我们自家人嘛!"一副满不以为然的表情。

为何会有这种"为所当为"和"自我本心"相分离的二重结构呢?可以说,原因之一在于我们国家的历史使得我们无法怀抱同一正确的信念;换言之,历史未能形成"为所当为"和"自我本心"合一的一体结构,而被复合结构所取代。

造成表里不同的另一原因,在于支配我们国家民众的儒教伦理观太过强势。儒教伦理尤其鼓励"为所当为",并赋予"当为"以价值。因此,儒教的实践哲学——道学,就最大限度地放大了"为所当为",而将本心所向的本能、欲望、情感、希冀等最小化。

有则关于郑汝昌的轶事很有名。郑汝昌是朝鲜王朝前期的道学家,有一天,他和金驲孙一同去爬智异山。面对着广阔天地、秀美风光,他顿生诗情。然而,诗情涌动的感伤本心违背了"为所当为"的性理学,结果因为这不让作诗的矛盾,痛哭着下山去了。

再有一个原因,那就是与西方相比,隔在家庭与社会之间的家的藩篱太过高大、厚重。家庭(私己)和社会(公己)的二元化加重了表里二重结构。就好比在家中只穿破旧的麻布衣,而集日外出时,必定换上细布外衣,盛装出门。内部自我到外部自我的"变质",要比西方人显著得多。

西方人虽有礼服及宴会服,却少有"外出服"这一概念。家中穿的衣服和外出服装的区别不似韩国这么大。在家中对待家人的态度、为家人所作的考虑,跟在外对待陌生人的差别不大。而在家庭里具有献身精神的韩国人,一旦跑到公共社会,便判若两人,成为利己分子,这也是形成二重结构的综合因素之一。

民以食为"羞"

据一位法国社会学家观察,英国的食文化是将吃作为一件简单事务来处理。对于英国人而言,吃只是摄取一定的热量和营养,除此之外别无意义。因此,英国大学生在学生食堂里就餐的平均时间只有七分钟,与法国大学食堂的四十至五十分钟相比,无疑短得多。

提出这一问题的是法国人,怪不得能感受到英国食文化的异类。因为在法国,吃饭不是生存所不可或缺的一件事务,而近似于一种仪式。法国人的就餐时间一般要两三个小时,在这两三个小时里,充分地享受食物带来的乐趣。光有卡路里和营养是不够的,还要有味道,这是法国食文化的原则。

西贡马杰斯酒店的晚餐在东南亚颇负盛名,常常客满,食客照例要在休息室里等待用餐。于是餐厅经理常用的套话中就有——"今天法国客人很多",以此来通知大家今天很难有空座位了。

法国客人一旦占住位子，便意味着那天晚上的座位就到此为止了。

这并不是因为法国比英国富有。不论看哪一种经济方面的统计，两国都是同一水平，英国多少还高一点。

满足必需的最低限度的需要，这是英国人的思考方式；应该享受美味佳肴，则是几乎将进食当成仪式的法国人的思考方式。两者只是文化上的不同，而没有水平的高下。

法国人也许会用"贫乏"来形容英国人的食文化，而若让英国人来评价的话，英国人恐怕会说，法国人在吃上面过于享乐，结果变得柔弱。换言之，英国文化中，"食"的地位相对较低，而在法国的价值体系中，"食"的地位则相对较高。

也就是说，衣食住行这四大生活要素在各国文化中被赋予不同的价值和意义，因而在各国的差异很大，这种差异与该国人的意识结构有着密切的联系。比较全世界的衣食住行价值体系，可见韩国文化的特殊结构。

首先，"食"的地位相对较低，近似英国。俗话说，"死不了才吃"，说明吃饭是一件非常简单的事务，若要将享乐因素引入吃饭，则韩国人不仅不感兴趣，反而觉得有违道德。

在韩国文化中，吃得好是不道德的。挑剔食物味道好坏的人，跟一言不发埋头吃饭的人，谁才是理想形象的化身？答案毋庸说，当然是后者。

若像拉丁民族或中国人一样，吃上两三个小时的饭，然后拍拍肚子，睡个午觉再起来干活，这样的人韩国人会当他为废物。韩国人吃饭，就好比燃料耗尽的汽车去加油站暂时补给燃料一样。

　　吃饭频率上也有显著不同。西方惯例是吃五顿，中国也一般吃四顿。而韩国人吃三顿饭的习惯，还是从开化期以来的近现代形成的，从前，只有在昼长夜短的春夏七个月中才吃三顿，秋冬五个月只吃两顿，是世界上罕见的两顿饭民族。

　　两顿之间夹进一顿午饭，便成了三顿。午饭韩国语叫做"点心"，点心是小食，午饭的语源便是这么来的。纯祖时，实学家李圭景曾考证过"点心"。在中国，清晨的简食叫做"点心"，因为饥饿是从心而来的，用食物在心上点上一点，就能暂且救饥。吃饭也叫作"疗饥"，用食物治疗饥饿。从这些语源中，清楚地体现出韩国人的饮食观。

自我贬低的词语
——"东夷"与"高丽臭"

近来,经常听到"韩国人怎样怎样"这一批评韩国人的句式。例如,"韩国人不团结","韩国人太保守太封建","韩国人来三个,船便往山上开",等等。

当然,说"韩国人怎样怎样",不分昼夜地反省,这当然也是件好事。但细细品味,这话不免让人如鲠在喉,有不吐不快的地方。

那是因为,说"韩国人怎样怎样"的人,似乎没把他自己包括进这一韩国人的集团里。虽然话中并未具体说出,但若将句子补充完整,似乎可以添上"只有我是例外",或者"除了说这话的我以外的韩国人"。就好比拿着"不得在此张贴壁报"的壁报往墙上贴一样,逻辑同出一辙。

不管乐意不乐意,我们都生在韩国,并在这一文化圈域里长大。然而动不动就说"我虽然不这样,但韩国人怎样怎样",把自己排除在外;另一边是听这话的人,一点过敏反应都没有,这定是某一意识已深入人心的缘故。

我们经常用到"叶钱"这一词。叶钱是铜质的,价值较银钱和金钱低,是劣等货币。"叶钱"还用来称呼韩国人,如"还不就是叶钱么","叶钱做的事情不就这样么",说这些话的人,把自己排除在了"叶钱"之外。

"thoong ee"这个词也是一样。"thoong ee"是隐语,指小偷。村子里手脚不干净的女人,学校里喜欢小偷小摸的坏孩子,骂这些人时,常用的就是"thoong ee"。

然而,读朴趾源的《热河日记》时,偶然从一段文字中发现了"thoong ee"的语源,感觉便不爽起来。

"thoong ee"是外来词,汉语称韩国人的"东夷",发音正是"thoong ee"。中国人把自己叫作"中华",称周围的异族则用卑称——"南蛮"、"北狄"、"东夷"、"西戎",韩国也包括在内。

于是,前往中国的韩国人自我贬低,把自己的国家称为"东夷",以示对中国的尊敬。

有些良识和主心骨的人,到了中国与人笔谈时,把"东夷"的"夷"字写作"彝",表现出对"事大主义"的反抗意识,尽管只是一字之差。

那么,这"thoong ee"为何会用来指称"小偷"呢?从以前许多使臣们的"燕行记录"中,可以找到解释。使臣们的很多下人,如马夫、轿夫等,在漫漫路途中,常常会干些偷鸡摸狗的事情,因此使臣所到之处,路两边的居民一看到这"东夷"来到,便关店上锁。

被掳掠到中国的韩国人,赎身后聚居起来,形成了叫作"高丽堡"的村子。有一天,使臣出行到此。然而到了这韩国人的村子,也是抢掠偷盗不断,还强迫村民设宴招待。这些可怜的韩侨无以应对,只好关门上锁,另一方面却又渴望听到故国消息。思乡心切,只好两眼含泪,从门缝中偷看。这不能不说是一种悲剧。

"thoong ee"原本是自嘲之词,如今却在青少年中延续着生命,这不能不是件可悲的事情。中国话变成韩国话,又被用于韩国人。改造这个词的人把自己放在中国人才具有的地位上,将自己排除在韩国人的行列外,想靠中国身份来挽救自己于卑贱的"东夷"之中。只有具有这样的气度,"thoong ee"一词才能流传开来,并延续它的生命。

"高丽臭"这个外来词也是一样。这个曾经的汉语词汇是指韩国人身体发出的恶臭,引进韩国后,被改造为韩国词"go lin nea",意指"臭味",成为常用词广为使用,这也是韩国人某种意识结构的产物,与前面所举的例子一脉相通。

跟随赴清使臣作"燕行"的朝鲜奴仆及轿夫,他们肮脏的身体所发出的恶臭实在是厉害,因而有了"高丽臭"一词。

真想把这两个贬低自己民族的耻辱词语从语言中抹去,然而如今非但没有抹去,还被我们爱之、重之当作宝贝接受过来,变成韩国语词汇继续使用,这不能不是嫌恶做韩国人的韩国人所共有的意识之产物。

3

成功来自站好队

韩尺量出韩服美

我认识一家韩服制衣店,店名叫"二寡妇铺",由母女二人经营。母亲年近六十,女儿则刚过三十,两人靠制作韩服为生。据说女儿的手艺十分细致,但人们却不愿将活儿交给女儿,原因是衣襟、领子、袜尖等处的曲线,女儿没有母亲做得好。韩服之美正在于曲线,由此来看,这无疑是女儿的致命伤。

然而母亲并没有什么处理曲线的秘诀,两人的区别就在于母亲是使用传统的韩尺来量裁,而女儿则是用米制来计量。女儿接受的是学校教育,习惯用公制单位,计量时将韩尺换算成米制,即一尺等于28.35厘米,毫米后面的数字四舍五入。这样一来,衣襟的线条、贴边的吻合度上便发生了偏差。若不用四舍五入,则单独看线条时大差不差,上身后一看,韩服特有的轮廓线便呈现出来。

不仅韩服是这样,韩国的实物和西方的理论之间总有偏差,或加上了一个"α",或减去了一个"α"。米制计量法之所以无法体现出韩服特有的美丽,就是这个"α"的缘故。这个"α"具有顽强的生命力,怎么甩也甩不掉,怎么咬也咬不烂,就好像不倒翁一样,跌倒又站起,又好像黄皮肤的颜色，怎么抹也抹不去，如同民族的历史和命运般坚韧且长久。

有一天，庄子的弟子跑来问他："我在路边捡到一段绳，怎么剪也剪不断，用脚踩也踩不烂，用火烧也烧不着，我该把这个东西怎么办？"孔子答曰："那你就拿着吧。"

这段绳就好比这个"α"，在一百年的横向文化时代里，一直被扔在路边。这个"α"，我们得好好保存。

把握住契机，从外黄里白的香蕉时代，转到外黄里也黄的木瓜时代，从轻视"α"的横向时代，转到融合"α"的逆纵向文化时代，光感到历史关头的紧迫性是不够的。

能者一人，弱者一群

经常接触韩国人的外国人常常说，单个的韩国人很聪明也很有能力，而很多韩国人在一起时，则变得软弱无能。这话似乎是说韩国人不够团结，即不懂得怎样将自己的能力在集团中发挥、折中，也不懂得为集团的理念去牺牲自己的理念。简单地说，作为集团的韩国人未能训练有素，集团意识不成熟。

那韩国人果真缺乏集团意识吗？

不能一概地这么说。韩国人的集团意识因集团的规模和性质而异。有时较任何民族都要强烈，有时则极其缺乏。下面我们就来具体分析一下。

集团多种多样，从最基本的人类学集团来看，可分成由血缘结成的家庭集团，生计上相互影响的村落集团，以及在生计上没有直接影响的公共集团。

对于韩国人而言，人所聚集而成的这三个基本集团中，集团意识最为强烈的，是家庭或亲族等血缘集团，强烈程度非其他民族可比。

而在韩国人性格的形成上，虽然家庭意识的影响至关重大，但村落意识的影响也不可忽视。韩国的村庄不是作为行政单位的村庄，而是作为农耕共同体并自然形成的村落，具有自律性，自给自足，作为生活共同体，其集团意识是排他的。

此时，村子的边界即意味着与外界的分界线，界线内是生存的场所，自给自足，从整个社会来看是个小世界；而外界则与内部全然不同，即使不加理睬、没有任何关系，也能够生存。

在村子边界竖起"天下大将军"、"地下女将军"神像，作为村子的守护神；若疾病流行，就在村子边界作预防，以阻断疫病；出殡时，在村子边界上举行路祭，等等。之所以有如此多的村界民俗，就是强烈的村落共同体意识的作用。

村子边界外是应被拒绝的外界，这种意识越是强烈，村子自身就越具集团性，整体自给自足性、封闭性、排他性也就越强。随着共同体集团性的增强，村落共同体成员之间的一体感也越发紧密。

不仅是修渠筑坝以保证农业用水并防止水患，以及修筑道路等公共事务，还有盖房子、修屋顶、插秧、除草、割稻、纺纱等，也以"互助组"方式共同劳作，遇到婚丧等，村民们便互帮互助。

此外还有乡约和村落祭。乡约是集道德、法律、慈善于一体的共同体宪章，劝善惩恶，褒扬礼仪，强调互助互济，以村落为单位，将村民的集团意识紧密地联系起来。村落祭则是村民们信仰上的纽带,起到强化集团意识的作用。

因此,村落结构中的个人从出生到死亡,都与村落这一集团有着密切的关系,所有的行动和思维,都脱离不了与集团的干系。

我采集到一则全罗北道长水郡长水面大成里的村规,犯有以下行为者,要在村公所前公开受刑,即"村刑"。

① 常常议论别人。
② 好斗。
③ 嗜酒成癖。
④ 贪得无厌。
⑤ 成天牢骚,抱怨。
⑥ 放荡。
⑦ 欺骗他人。
⑧ 投机取巧。
⑨ 挑拨离间,获取不当利益。
⑩ 懒惰致使农事荒废。

若因上述行为而遭三次村刑,则又要被逐出村庄。在村庄这一集团中,理想的人应该是不沉溺于酒色,不和别人打架,守本分,不抱怨,正直而平凡地流汗干活。因为集团成员有着同样的劳作方式和目标,所以价值取向在于平凡而守本分者,而非有个性、有手腕、特别有才干的人;在于遵守集团规律和伦理、无怨无悔者,而非抱怨或反对集团规定者。

应该注意的是，上面所举的不仅是村落中的理想形象，不论城市或农村，韩国人所认为的理想的人，都是这样的形象。

随着近代化、工业化、城市化的加剧，社会结构也在不断变化，尽管这样，韩国人仍保持着共同的身份认同意识，一直到今天。换言之，层层积淀的农耕文化，对韩国人身份认同意识的形成起到决定性的作用。集团与个体的关联，作为农耕文化共同体的本质，对韩国人性格的形成产生了巨大的影响。

由此形成的韩国人的意识结构中，集团的逻辑凸显于个体逻辑之上，他律倾向凸显于自律意识之上。这样，韩国人的家庭意识固然强，但在村落等生存所必需的、自己所归属的小集团范围中，集团意识也相当强。

例如代表某一集团的运动员，只要他是韩国人，就会无一例外地深陷于强烈的集团意识之中。给他加油的集团成员，除了喊"必胜，红队！"、"必胜，蓝队！"外，就没有其他语言了。

"必胜"一词代表着集团的压力。英语中并没有这种说法，最多也就是说"祝你幸运"（Good luck.）。两人之间说一句"祝你幸运"，关系便结束了，这种加油方式不存在"必胜"中所暗藏的沉重的集团压力。再有"尽力而为"（Do your best.），这种说法也是说完了关系便结束了，用在个体与个体之间。

相比之下,"必胜"是集团的加油方式,在"必胜"呼声的催化下,韩国运动员小小的个体会膨胀开来,铆足劲头拼死陷阵,就好像是青蛙憋足气要变成牛肚子一样,煞是悲壮。于是,在集团的重压感下,站在起跑线上的运动员无法完成力量的均匀分配、力道的正确运用,而这些本应是作为个体能够完成的。

妓女也看重名誉

《东国舆地胜览》中有下面这段内容：

十字阁桥底的流水，与景福宫城阙东边过来的水汇合，经过中学前面的中学桥，向南流去，到达惠政桥，贪财的官员要在这座惠政桥上受烹刑。

汉城以前的地方志《汉京识略》中，也有同样的记录：

国法规定，若有贪婪的官员谋取他人财物，在此桥上处以烹刑。

"烹刑"又称"煮刑"，从字面上的意思来看，就是把人放在水中煮死的刑罚，不能不令人毛骨悚然。

光从上述两种文献来看，"烹刑"究竟是把人煮死,抑或只是做做样子、假装煮一下,我们不得而知。但不管怎样,以下事实是明确的:刑场设在惠政桥上,而此处是京城里少有的繁华之地,刑罚因此具有公开刑的特点;与惠政桥相邻的,正是右捕盗厅监狱,因此在此桥上行刑这一点是不会有错的。

将恶吏放在锅里煮,这一公开刑该是又残酷惊险,又大快人心的。

这一烹刑是否一直存在到大韩帝国末期呢?《朝鲜的行政》一书中记录有关于烹刑的见闻,此书是韩末曾到京城参与过行政事务、后任京城刑务所所长的中桥所著,引用如下:

> 有一种叫作"烹刑"的制裁刑,义名"煮刑",从名称来看,此刑之残酷甚于死刑,是最大最重的极刑,但实际上却并非如此,既不是生命刑,也不是身体刑,执行起来有如看喜剧一样。
>
> 这一"烹刑"是只加于渎职官吏的制裁刑,执行方法如下:
>
> 临时在钟路人流密集的桥上搭建一座大灶台,上面架上一口大锅。灶内放入木柴,好假装生火。灶前加上一道屏风,周围支起军幕,制作成裁判席。裁判席是前来莅会的捕盗队长安坐之处。
>
> 这些准备结束后,捕盗队长郑重就座,罪人则待命。罪人绑缚着,跪在大锅木盖上。
>
> 捕盗队长向罪人严肃地宣布罪名,并下令行刑。一般来说,捕盗队长宣告完判决后,行刑便告完成;但有时也在

大锅中放入温水,将罪人摁在里面。

有时则将罪人丢在空锅里,盖上盖子,然后假装在灶内生火。

烹刑的执行方式,是取决于渎职官员的罪行程度,还是临时看着办,这不得而知,仅从刑罚的执行上来看,给人的印象与其说是行刑,不如说是在众目睽睽之下使其斯文扫地的一种样式。受烹刑者的生命虽得以延续,但其余生必须得像被处死刑者一样度过。

行完烹刑后,湿淋淋的罪人被从大锅中拉出,交给罪人的家属。此时,罪人不能像活人那样行动,而必须如被热水煮死的尸体一般。家属接到这一活死人后,必须号啕大哭,悲痛欲绝,如同面对死去的家主。家属要遵从丧礼,将罪人运回家时,也要跟在后面大声痛哭才行。

运回家后,要按着和死人一样的步骤举行丧礼,并符合这一活死人的身份和规格。丧礼结束后,这一渎职罪人便被剥夺了公民权,不得正式与亲朋好友见面,只能关在家中,和家人一起度日。

外国人见了,也许会认为这不是一种理性意义上的刑法,因为这不是身体刑。然而对于颜面、名声以及家门的名誉重于生命的韩国人而言,这无疑是比身体刑更加严厉的重刑。支撑着韩国社会秩序的乡约法则中,也将名誉刑作为比身体刑更重的刑罚。

例如李珥(号栗谷)先生制定的违反乡约时的处罚方法——处罚时分对象,儒生、长者、贱民各不相同。

"上罚"针对儒生,若违规,则使之久立于村子空场上,让他感到羞耻;聚餐时使之独坐于末席。对于长者,处罚是"满座面责",即当着众人的面责罚。对于贱民,处罚是"笞四十下"。

从中可知,打屁股,与"满座面责"及在村子场地上罚站,使犯规者感到羞耻相比,后两种属重罚。

"满座面责"属重罚,不仅在乡约中是如此,也见于小商贩团体,女巫行会"风流房",以及妓女行业的"券番"中,都是"上罚"重于体刑。

加入小商贩团体时,要发誓说,若违反团体规约,将当着众人面,把写有其父姓名的纸烧掉,把灰撒在水中喝下去。

鹭梁津的风流房中,若有女巫抢夺别人的常客,再犯时,就会受"破门刑",被逐出居住地;初犯时,则受公开刑,当着众人面被耻笑。

券番中,若抢了同辈妓女的常客,则施以"骑原木"的苛酷体刑。即将一根原木斜放,让妓女脱去内裤,只着一层单裙,骑在原木上,然后将裸着下半身的妓女强行往下拉。在体重的压迫下,胯裆处被挤压刮伤,青淤斑斑。

如果抢去的客人是资深妓女的,则较同辈妓女的惩罚更重。所谓重刑,并不是"骑原木"那样的体刑,而是让妓女脖子上挂着"偷客贼"的牌子,在券番厅房中坐一整天。

小商贩、女巫、妓女地位低贱,连这些贱民都如此看重名誉,更何

况他人。

　　渎职官吏受到烹刑，如活死人般度过余生，这实际上不亚于死刑，甚至重于死刑。关于烹刑的来历，并没有确切的考证，但蒙古军律中，有一种将罪人放入锅子中煮死的刑罚。由此来看，该刑也许是受元朝的影响，于高丽时代形成，但并未见于文献，据此推测，这一烹刑未被纳入刑制，而是作为民俗流传下来，被用在渎职官吏身上。换言之，烹刑可能不是公刑，而是在各级官衙中作为私刑延续下来，若是渎职的重犯，则在惠政桥上公开行刑。

　　总之，百姓对于渎职是深恶痛绝的，可以想见，我们的先祖在政务革新时，考虑到百姓的怨声，在渎职的制裁方法上处心积虑，烹刑这一畸俗或许便是这么产生的。

孝重于忠

"忠"和"孝"中,韩国人将哪一个摆在前面呢?

壬辰倭乱时,官任牧使的成泳因亲丧正在家服丧,接到诏命后从军,任江原道巡察使。服丧这一家庭理念和从军这一国家理念中,何者更具价值?从成泳来看,他选择的是后者,也许他的这一选择是极为正确的,但他的这一选择却在后世引起了很多争论。

与成泳形成对照的人物,可举牧使洪敷思。

当成泳正作为巡察使在一线从军时,一天,有难民从军帐一侧经过。按理说,经过巡察使军帐前应该下马才对,而其中的一人却没有下马。抓来一问,原来是官职等同于巡察使的洪敷思。

成泳责怪洪牧使说,国家与国王大难当头,正是用人之时,身为一方首领,却弃百姓于不顾,自顾逃难,成何道理。

而洪牧使也自有其名正言顺的理由。他说,家遭亲丧,若要服丧,就无法上阵,结果必会向敌人投降,觉得出逃服丧是权宜之策,便踏上逃难之途。

同样是亲丧,成泳和洪敷思却作出了不同的选择,成为后代儒生们争论不休的话题。成泳以"忠"这一国家理念为重，洪敫思以"孝"这一家庭理念为重，两人被放在价值理念的天平上进行衡量。此时，评价结果大多以洪敫思的选择为是，可见韩国人的传统是家庭中心主义。

这一家庭中心意识在下面这个实例中从另一角度得到体现。当丙子胡乱时为清所掠去的女人们被送还时，非贱民的贵族家门面对自己劫后余生的母亲、妻子、女儿、儿媳，都含着眼泪拒绝接收。这些女人虽是被不可抗拒的外力所掠去，但被掠本身却是玷污家门名誉的耻辱。

于是，她们中有的在祖坟前自尽身亡；有的与家门断绝关系，辗转他乡度过余生，或沦为家门中的婢女，在形式上断绝与家门的关系。韩国人的家庭中心主义价值观便在这一坚固的传统中得以形成，形成得如此悲情。

这一价值观以家庭为界，严格地分出内与外。家外的世界是彻头彻尾的他者，而家内的个人则消失于其中。

妻子是"内人"、"内子"、"家里的"，父亲则是非个人的"我们父亲"，家是"我们家"。与称呼"我的父亲"、"我的家"的西方理念大相径庭。西方的个人理念强于家庭理念，相较之下，韩国的个人则消灭在家庭概念之中。

从房屋的结构中也可体现出家庭中心意识。西方的房屋中，个人的房间是彻底隔开的，从里面锁住。韩国的房屋则只有大门才上上沉重的门闩。西方房屋的特点是，进家后，个人得到尊重；而韩国房屋的特点则是，进家后，个人便消灭在其中。

家庭藩篱内的民族

我们来看看韩国家庭的一般习性。例如，妈妈带着孩子到公园玩。妈妈坐在长椅上，孩子们就在长椅周围玩耍，就好像被一根看不见的绳子拴着，被局限在一定的范围之内。孩子最好是老老实实地呆在妈妈身边，即使有时超出了界限，也能感觉到妈妈的眼色，自己乖乖地回来。也就是说，以妈妈为圆心，形成一个小小的圆圈，圆圈内满是妈妈的威严。孩子走得快，妈妈就告诫说慢点走；若是调皮捣蛋，即便离得很远，妈妈也会摆出佯装要揍的样子，或使出眼色加以制止。孩子通常被"当心"、"打"、"脏"等制止性命令语牢牢管住。

非但母子之间，兄弟姐妹的关系也是秩序井然。大的要照顾小的，即便不情愿，也有带着弟弟妹妹玩的义务。到了家外边，这些也被原样照搬，家中的纽带不会受到公共空间等任何因素的侵害，仿佛一个稳固的小社会移来移去。

那么,美国家庭又是怎样的呢?我们来看看社会学家沃尔芬斯坦的研究,他观察了美国家庭在公园玩时的情形,概括出美国人的思维方式。美国人的行为与我们截然不同。来时是一起来的,但一到公园,便即散开。父母虽也是坐在长椅上,但孩子们不需要待在父母周围,也没有那根无形的绳子拴住,不用留意父母,而是形成他们自己的小社会。父母时而会远远地望一下,只要没什么问题,便不作干涉。与韩国父母形成对照的是,他们希望自己的孩子跟别的孩子能玩到一起,如果孩子不愿离开自己,还会赶他们去,鼓励他们跟别的孩子玩。美国的公园里,不存在妈妈和孩子的小单位,而是分成大人和小孩这两个大群体。

沃尔芬斯坦尤为强调的是,在美国,儿童是按年龄细分为许多个小集团,同一年龄组的一起玩。韩国的公园里,哥哥姐姐在弟弟妹妹旁边看着他们;美国的公园里,则是哥哥们玩哥哥们的,弟弟妹妹们玩弟弟妹妹们的,分成许多同年龄段的游戏组。

如上所述,美国家庭不受公共场所或时间的限制,随时随地可分解开来,作为个体独立存在。美国人与公共相接触的个体表皮细胞坚固而发达,反之,韩国人个体所属的集团表皮细胞是坚固而发达的,但与公共相接触的个体表皮细胞却十分脆弱。

看着哥哥要跟小伙伴们去打栗子,弟弟很想跟着去。可哥哥做出你要跟着来就揍死你的姿势。弟弟跑去告诉妈妈,于是妈妈便对哥哥大声呵斥。出了家门,哥哥怒目而视,弟弟不敢靠近,隔着一定的距离跟在后面。等绕过石墙,哥哥卷起袖子做出要揍的样子,威胁弟弟放弃,可弟弟靠着妈妈这一后台,哪有轻言放弃的道理。过小溪时,哥哥故意溅起水花,想以此击退弟弟,而弟弟还是不为所动。就这样,一直远远地跟着,一直到打栗子的地方,弟弟自始至终不屈不挠地保持着与哥哥的集团纽带。哥哥丢几个栗子给弟弟,弟弟便剥开吃。

为了吃几个栗子,就甘愿受压迫、威胁和恐吓吗?应该不是。不管年纪多小,也绝无可能对胁迫和恐吓感到愉快。对于这并不愉快的历程的执着,又怎样来解释呢?

对于韩国人来说,不管做怎样的牺牲,也会坚守住与家人之间的无形纽带。若失去这条纽带,无意识中就会感到不安。而在美国这种个体文化圈域中,小弟是不会执拗地跟随大哥的。

1965年8月5日,美军对越共北部湾实施大规模战略轰炸时,埃巴莱特·阿尔瓦莱兹少校被生擒,成为被俘的第一人。虽身陷敌营,这位忠贞的军人仍坚持越南战争的正义性,为此还上了媒体。而当他结束了近十年的俘虏生涯,作为第一批被释放的战俘于1973年回国时,等待这一荣耀军人的,是家庭的分崩离析。

他的妻子坦姬于1970年单方面与之离婚,跟别的男子再婚,并生育一子。当他坚持着越战的正义性、接受拷问的那一刻,他的姐姐德莉亚正在白宫前面,举着反战标语牌向反战民众游说。他的母亲也在电视上反对越战,说受了尼克松的欺骗。

不管是阿尔瓦莱兹少校,还是他的妻子、姐姐、母亲,都有一个共同点,那就是作为分散的独立体,按照自我的个体意志行动,全无韩国人身上那种视如己命的集团意志。在压迫、恐吓、威胁下也紧紧跟随的集团逻辑,在压迫、威胁、恐吓下也誓不相从的个体逻辑,两者的差异便在于此。

成功来自站好队

现在我的桌头放着一份晋州儒林愤然而作的"沙钵通文",因是联名文,故采用圆形署名方式。观其内容,是不满河东玉宗面守正堂牌位次序的混乱,从而要向天下人广而告之。守正堂主奉的是岭南著名的大儒和节儒——崔永庆(号守愚堂),而将郑石正作为从奉。崔永庆蒙冤入狱,在晋州监营受到拷问时,当时身为别监的郑石正不畏压力,以实直告,故将之列为从奉。

主奉和从奉的差别是巨大的。主从之别是根据儒林的规矩,考察学问、节义、官职来决定,并要得到中央儒林的许可。主奉的牌位要居中,放在最上端,从奉则置于主奉之下,或在左,或在右。主从虽相距不远,但上下、正侧却有着天壤之别,其中暗含着韩国人特有的意识形态。

也许是如今的平等观念的作用,郑氏门中和一些乡邻将郑石正的牌位从下端移至上端,从侧位移到正位,与崔永庆的牌位位居同列。这一变动为乡儒发现后,便作了这篇"通文"。虽说将牌位移至同列只是一个小小的物理性动作,但却足以让人联想到韩国人特有的意识特点。

这是因为,次序就是韩国人的存在方式。脱离次序,即意味着被逐出韩国社会。次序意识是韩国社会即便没有法律规范也能维持社会秩序的原动力,也是马克斯·韦伯所论的韩国人"高尚道德"之核心。在这一次序意识的作用下,怒气冲冲的乡儒们也许会像从前的儒生那样,拿着草席和斧子赴京上诉。

我们应在这篇"沙钵通文"中,对韩国人强烈的次序意识作一有意义的解读,因为现代韩国人仍未摆脱这一次序意识。晋州乡儒的"沙钵通文"只是次序意识在旧时代的表现,我们还可以在现代人身上看到次序意识在新时代的表现。

在某一经营机构中,其成员的位置是由其所在的人脉决定的。虽然人脉不可能公开划线表示,但暗地里每个成员都被置于这一脉络中,就好比被悬挂在钟摆之上。如果是因亲戚、校友或老乡关系进来的,这自不必去说;就算是经考试考进来的,随着时间的流逝,也会有一条线逐渐形成;当有了资历,或做了小头头,曾经模糊的划线就变得清晰起来。如果这条线没有形成,就会感到不安起来,就会到处去找这条线,无论如何也要把自己挂上去。若抓不住这条线,在韩国的经营机构中就意味着落伍。我们暂且将这一经营结构称为"撒网式"。因为撒网的时候,从最上端的顶点处伸出缕缕网线,这缕缕网线又密密交织出无数线,继续向外伸展。

相较之下,西方式集团结构好比"圆圈舞"。所有成员都像跳圆圈舞似的手拉着手。若想进入圆圈舞式集团，就要得到所有成员的认可。当然，认可与否并不采用裁决方式，集团内有明确的规定，只要符合规定，例如学历、宗教、职能等都符合，就能进来。在圆圈舞结构中，各个成员遵守的是集团规范本身，而无须遵从与己相连接的人际关系。

西方职场中，只要好好遵守规则，完成自己的职责就可以了，不用看上司或同事的眼色，不用处心积虑地在上司面前好好表现，只要作为圆圈舞的一个连接点，尽忠职守即可。

若迟到，便从薪水中扣除迟到的那一部分；若加班，便按照超过的工作时间计算加班费。单位里不管有多忙，一到下班时间，就可以合上文件打道回府，没必要看别人的眼神。领导去国外旅游，不用去机场迎接；领导过生日，也不必提着礼物上门拜访。所谓某一目的下的大集团，在制度上是有保证的，个人只要为了集团这架"机器"，完成自己作为"零部件"的职责就行了。这是零部件式的归属方式。

两种经营结构上的区别究竟是从何而来的呢？

大富豪与小卖店主人的幸福感

如果有一百万,人们会用来做什么呢?许多人可能会想,要用这一百万去好好奢侈一把,即只作改善经济这一单向思维。

《兴夫传》中,兴夫把葫芦一打开,里面涌出几十石米。也许是受尽穷苦折磨后情感上的反作用,兴夫把这数十石米一口气都煮成了饭,堆成南山般的饭山,然后把跟着他们忍饥挨饿的孩子们都叫了来。兴夫的这二十五个孩子便像是射到饭山上的铁丸似的,吃得人都看不见了,只见饭山里面在一拱一拱地动。

就像兴夫不知道爱惜这数十石米一样,有了一百万后,很多韩国人海花胡花,不计分寸、不考虑将来、不为生活的意义,只为让别人艳羡,把消费变成追求表层的、单细胞性的虚荣价值的活动。

说韩国人的消费倾向大体如此也不为过。

因为是葫芦里出来的米,所以兴夫能够将这几十石米一股脑儿都做成饭。不是劳动和努力的代价,而是笔横财,所以才有可能一掷千金地去消费。若是兴夫在官衙代人挨板子而得来的米,就不会有一下子都做成饭的事情了。若是自己流汗出力的代价,则不管是多大的财产，都不会去浪费。浪费的是不劳而获的钱。

话说有栋三层的大理石洋房，占地一千多平米，建筑面积六七百平米。有户外游泳池、私家车两辆、德国产钢琴两架、电视机四台、阿姨三人。可谓奢华之极，为了更高的追求，主人只能去国外，让这一奢侈再上一个台阶。于是他在墙壁上安了一个秘密金库，里面放上三条特制皮带，皮带里藏入四万五千美元，此外，再将价值一千万美金的黄金制品放入金库。锁都不锁的梳妆台抽屉里，躺着韩币四百万；衣柜里，撒着一千四百万。这家主人神安气定地说，每次出门回来，家里怎么着都有那么一千万。

这故事讲的并非阿拉伯酋长或亡命美国的非洲长老，而是个韩国人，他由政府担保，贷了三百五十万美元的款，经营起钢铁业。

他的钢铁公司后因管理不善，经营权被国策银行收去，他本人则陷入破产境地，连住的房子也被用去抵债，成为人们同情的对象。

事情何以至此？住着三亿韩元的豪宅，还有至少十亿在家中滚来滚去，光这些钱，就足够企业周转的了，怎会濒临倒闭？

再举一个人的例子。这人三年间向海外转移了二十六万美元，在洛杉矶开三万美元的奔驰车，每天挥霍上千美元。在国内则开"奥斯汀"，猎艳无数，演员、艺人等百余人与之有染。光领带就有三百八十九条,皮鞋二十六双,皮带五十六条。还有作为猎艳诱饵用的手提包七十三个,项链四十条,手镯二十个……诸如此类,毋庸赘言。

这两种情况只是奢华风的沧海一粟。奢华到了极致,为避祸而移居海外,继续延展其奢华癖,两人走的便是这一韩国式奢侈的既定路线。这条路已有许多人走过,现在也有许多人正在走,还有不计其数的人对这条路充满着羡慕。

助长这一社会风潮的根本原因,在于人们不愿意通过正常的劳动去挣钱,而是利用政治、经济以及社会结构上的缺陷,一夜暴富。横财和劳动挣来的钱是有本质区别的,就好比兴夫代人挨打换来的铜钱,和葫芦里冒出的黄金万两有着本质的不同。

不论贵贱贫富,人们从自身社会、经济、文化地位中体验到的幸福的分量是平等的,非但圣贤们这么说,这一事实也是不言自明。换言之,不论是大富豪还是小卖店主人,官员还是底层公务员,在其位置上所感受到的幸福是等量的,不存在地位金钱和幸福成正比的公式。

然而,韩国人却认为幸福与地位财产是成正比的。不同于西方的横向结构,韩国社会的特点是纵向上升结构。韩国人的人生目标总是瞄准不现实的地位上升、财富上升;且只顾往上攀登,而在不知足中结束一生。也就是说,韩国人对自己的现实位置总是感到不满意。

上升结构的韩国式意识特点,与横财野合,就成为前面所说的奢靡腐败。

要想纠正那种已到糜烂程度的部分反社会的奢侈之风,无异于缘木求鱼。我们在自己所处的位置上往上走时,应该以努力和勤勉作为代价来换取一步步的提升,而不是作"跳跃"式的一纵两步、五步,甚至十步,否则必会遭到某种形式的不幸,作为"跳跃"的代价,这也是历史的法则。

百万巨款还是不要飞来的好,而是要踏踏实实地挣来。

怀抱原子能的民族

　　急速的城市化，使得农村人口剧减，村庄集团意识也在逐渐消失，但并未完全消灭，可以说，这一意识被保留下来，等待某一类似于村庄的"空间"形成。

　　虽然职场这一空间不同于村庄的形态，但若找到自己可以归属一生的职场，蛰伏的集团意识就会开始苏醒。好比赖以为生的村庄一样，当职场被确认为是完美的生存空间时，集团意识便蠢蠢欲动。若这蠢蠢欲动的集团意识投射向职场，并发挥出理想的作用时，便会对经营效果产生巨大影响。

　　然而，雇员的集团意识会因经营状况，或永远蛰伏，或苏醒萌动。要让集团意识对经营产生积极效果，动因不在于集团的成员，而在于经营者。也许集团意识的激发，正是韩国式经营的关键。

　　韩国人潜在的集团意识是否能从经营层面上激发出来？在探讨这一问题前，我们先来看看集团和个人的韩国式函数关系。

　　先从集团给个人带来的益处层面上看。为了完成个人所无法完成的复杂且大规模的事务，产生了集团，较之个人的力量，集团的合作使事情变得简便,并使不可能的事情成为可能。

西方式的集团归属是一种契约,根据成员的资格、功能、劳动时间来计算出一定的劳动量,与雇主签订合同。因此西方人的集团能力等同于集团成员的能力总和,即集团能力是可计算的定量,成员的总和最好也不多不少与定量保持一致。

而韩国的集团有其优点,即集团能力有可能超过各集团成员的能力之和。例如,十个人处理集团业务,各自发挥出自己的力量,总共发挥出的能力不一定是十乘十等于一百,有可能是一百二十,也有可能是一百五十;或不到一百,可能是九十,也可能是五十,上下浮动的幅度很大。是达到这一幅度的上限,还是掉落到这一幅度的下限,其决定因素正在于韩国人潜在的集团意识是否能激发出来。

此外,韩国人在集团中除完成自己的职务外,还能解决个人的烦恼与担忧,从这一点来看,集团也给予个人增益价值。

西方人在职场中,除自己负责的业务和职责外,一概不关心,谁都不会想要在职场里解决自己家庭、个人、社会的烦恼,或依靠集团来解决人生问题。

而韩国人却在潜在的、村落集团意识的作用下,对自己信赖的上司和同事充满依赖,想以此来解决个人问题和感情上的纷扰。非但对上司和同事如此,只要集团意识被激发出来,其自身就会与集团同一化。

这种与集团同心同体的情感,会将集团的命运当作自己的命运,即结合为命运共同体。于是,集团的名誉就成为自己的名誉,自己的名誉也就是集团的名誉。

如果将集团当作强大的存在物,且自身与集团同心同体,则自我意识也会相应地变得强大起来。这样,自我与集团的心理关系便对个体的感情层面产生作用,使自我扩大。同时,集团意识被激发出来后,其所在的集团若衰退或破产,即意味着自身的衰退和破产,因此即便没能如西方式一样取得合同上规定的报酬,或工作量超过合同规定,也不会一走了之,另择他就。

快吃是美德

　　韩国人不说"真好吃",而是说"吃饱了"。肚子饱才是硬道理,至于口味怎样,则不在韩国人的关心范围内,不能去问,也不能表现出来。

　　因此,吃就成了无关于品味的行为。在其他文化圈域中,吃是一种主体欲求,所以赋予选择权,为了加以选择,菜单食谱之类就成为用餐时的必需之物,从中选择自己想吃的吃。即便是对吃如此冷漠的英国人,在这一点上也不例外。

　　可韩国人的饭桌是不理睬食客欲求的,吃什么不由食客做主,饭菜的提供者完全握有主导权。对于韩国人而言,不挑不拣,摆上什么就吃什么,是吃的基本精神。

　　在吃的速度上,以主食为主(韩国)当然要比以副食为主(西方,中国)的用餐时间短,这是不言自明的。而韩国人连这短暂的主食餐时间也要进一步缩短,于是想出了世界上独一无二的"流动式速食法"——把饭放入汤汤水水等液体中,制作成流动物质,顺畅地流入喉咙。

一家外国航空公司的空姐说,飞机上要冷水喝的客人总是韩国人、日本人和美国人。欧洲人除了吃药等特殊情况,一般是不喝水的。虽说韩国、日本和美国的水质好,因此水在食物中所占的比例大,但在韩国,还有其他的复合因素掺杂在内。

韩国的饭桌上一定要有汤,没有汤的话就摆上水,汤饭类之多,是国外所没有的。很少有食物中不含汤水。水对身体有好处,这可能是采用流动式的一个原因,为了吃得快,也可以说明这一流动式的特殊性。

自古以来,我们国家就礼尚快食,小孩子若吃得慢,大人就会不停催促,让他赶快吃完。南道有句俗话,叫做"吃饭当学兴夫崽,夷平饭山福自来",便代表了韩国的这种速食文化。这也许是农耕文化的特点,必须一刻不停地干活,不像游牧文化,放羊时趁羊吃草可以享受悠然自得的闲适。也可能是世世代代的穷苦,接连不断地遭受侵略,再加上干旱等天灾,造就了韩国人的逃难习性。

然而,这些原因只是韩国人粗食快食的许多复合原因中的一部分,不能断定说哪一个是直接原因,好比英国的食文化并不是因为英国穷才形成的。看来,韩国的食文化受到韩国人某种意识结构的影响很大。

所谓文化,以人道主义文化和人格主义文化为代表,前者重视人的本能和欲望,后者则将人的本能和欲望最小化。是这两种文化因素的调和和比例,成就了某一特定文化。韩国文化也许便是这两者的比例差达到最大的文化,即把"人格"极大化,把"人道"极小化。吃是人的生存本能，食欲是人的五欲之首，可以说是人道主义的重中之重。

旧时韩国农村的典型场景之一是暮色炊烟——夕阳下的田野，袅袅炊烟绕村庄。农村里缭绕着炊烟，并不是因为气压低的缘故，而是因为各家的烟囱无一例外地都很低，烟气无法冒到屋檐之上。也就是说，韩国人的某种共同意识起了压制作用，炊烟升到屋檐处，必须被压在屋檐下，不能往上冒。与西方农村高高耸立、仿佛是财富的象征的烟囱形成了鲜明的对照。

韩国的土地上，几千万人数万年间烧火做饭，不可能不知道烟囱越高越有利于烧火。烟囱高的话容易排烟，屋檐也不会有着火的危险，明明具备这些常识，韩国人为何还要冒着危险、忍着不便，执拗地要将烟气隐藏起来，不让人发现呢？

这不能不是疑问。和韩国人的粗食习性联系起来看，烟是烧火做饭的表征，吃饭则是满足人的本能和欲望的人道主义的重中之重。由此看来，这也许是韩国人的人格主义意识结构在起作用，要将本能和欲望极小化。烧火做饭的炊烟，对韩国人而言是不道德的因素，所以只能予以遮掩隐藏。

不管是哪户人家，吃饭的当口若有客人突然来访，就会条件反射似的撤去饭桌。不是因为饭菜粗鄙羞于示人，即便是好酒好菜，也无一例外地实施这一近乎无意识的行动。

在香港和胡志明市，一家人当街摆出饭菜来吃，全然不在意那来来往往的路人；在拉丁国家，也常常看到人们在开到大街上的咖啡铺子用餐，这些都与韩国的情形形成对比。

由此可知，韩国人认为"吃"是不能暴露在外边，且必须隐藏起来的。诸如此类的某种意识正发挥着强烈作用。将人欲极小化的这一系列意识，不仅体现在"吃"上面，也同样体现在"住"、"性"等生活的方方面面。

家庭集团重于个人价值

　　小时候，我的梦想是成为"预料练"候补生。"预料练"就是预备特工队，衣服上有七粒扣子，比当时少年们穿的五粒扣子的衣服多两粒。而最让我感到不快的骂人话，则是"丘吉尔"、"罗斯福"和"蒋介石"。

　　有一天，我获知了一件令人震惊的事情。

　　大概是距日本战败四个月前的一天，我回到家，看到哥哥和他的四五个朋友都在，哥哥当时上中学，他们从志愿劳动的途中开溜回来，拿了父亲房中的短波收音机，钻进壁橱里。我屏住呼吸，把耳朵贴在壁橱缝上，偷听他们的谈话。他们正蒙着被子，坐在里面摆弄收音机。把收音机里传出的声音综合起来一想，我不禁大为吃惊。

　　"日本亡，美国胜。美国胜利后，将消灭日本，解放朝鲜。B29只轰炸日本人的地方，不轰炸朝鲜人的地方。"

　　这是美国的朝鲜人广播。

曾因被讥为"丘吉尔"而伤心哭泣的少年,以其懦弱的身心,如何能够一朝一夕间消化这短波广播的内容?然而不知为什么,心里又相信这广播内容是真的。这并不是出自民族情感,而是因为广播里说,消灭的是日本人,拯救的是朝鲜人,从而使夹在朝鲜人之中的我舒了一口气。在因各种管制而人人自危的当时,我不能不感觉到一种强烈的恐惧。

这事过后几天,我在学校做值日,赶着绵羊去草地上吃草。当时大家轮流值日,放牧家畜。我们三人一组,三人中还有看果园人家的儿子。恰逢空袭警报响起。因为常常响警报,我们条件反射地趴倒在羊群之中。当B29拖着长长的尾巴飞远后,隔着羊群的腿,我对趴着的伙伴说:

"你也是朝鲜人,我跟你说,我们不需要再这么趴着了,B29不会把炮弹投到朝鲜人在的地方。"

接着我又告诉他,美国的朝鲜人广播说,要消灭日本,解放朝鲜。

几天后,给警察所跑腿的竹村找到我,说要带我去见高等科的金村刑警。因为害怕从警察所旁经过,我每天都绕远路去学校;警察所的武道馆里,无论有多热闹的表演,也从来不敢前去观看。现在突然说要被抓到警察所,这对我而言无疑是晴天霹雳。

后来才知道,那天看果园人家的儿子把我说的话告诉给了果园里的长工,三传两不传便到了巡查的耳朵里。

金村刑警问我这话是从谁那里听来的,对我连哄带吓。又是把我带到偷牛贼嫌疑犯的拷问现场,看他们用水壶灌水逼供;又是给我买来当时乡下小孩很是垂涎的米粉包。

虽然金村刑警的话未必可信,但我知道,自己是未成年的孩子,只要说出这话是从谁那里听来的,想必就会把我放回去,不会把我怎么样。所以,如果这话是从和我没什么血缘关系或道义关系的人那里,或同年级的某人那里听来的,就肯定会在恐惧之下全盘托出。而我却始终缄口不言。这并不是因为我在道德上、人格上的成熟,情愿牺牲自己也不愿牵连别人,而是因为我所无法认知的某种压力,因为有种比警察更加可怖的气氛,把我紧紧包裹住。这种气氛足以使我自虐下去,至死不渝。这并非来自成熟或学识等内在的成长,也不是出自强制或道理等外在的限制。

那时我不知道这究竟为何物,只是受到来自其中的强烈压制,让我自始至终紧闭嘴巴。这是包括哥哥在内的家庭集团造成的氛围,不是为了哥哥,而是因为哥哥是家庭集团的一员。

单个的哥哥和作为家庭集团一员的哥哥有着质的区别。如果只是单个的哥哥,那我就会轻轻松松地说是从哥哥那里听来的。谁让他从小时起,妈妈一让他带我玩,就表面上答应,可到了外面就朝我扔石头要赶我走。

如果一五一十地坦白,我就成了这一集团的背叛者;因为我的背叛,整个集团会遭受不幸。以我幼小之所见,与其承受这一不幸,倒不如承受我所能承受的虐待。

第一夜是在值班室里度过的,第二天开始,便在拘留所里过夜,期间似乎对周围人进行了查问。父亲被叫来,哥哥被叫来,上过我们家的小商贩被叫来,我的班主任也被叫来……

第四天,哥哥自首了,不是因为刑讯逼供,也不只是因为年幼的弟弟正在拘留所里受苦,而是因为那包括他在内的家庭集团无形的气氛。

躲在门楼上偷听短波广播的哥哥,还有他的朋友,都遭到了起诉,关进刑务所,我则得以回家。金村刑警对我说,以后警察所传唤时,要随时来接受问话。

从拘留所里出来的那天,离家越近,我的脚步就越沉重,就像是走在凝固的空气里一样。那正是感受到家庭共同体浓重氛围的缘故。

"你这小崽子,把家里搞得底朝大!"父亲的呵斥如雷贯耳。我掉转脚步,奔乡下姑妈家而去。结果当然还是被揪回家来,每一天都在恐怖和自责中度过,饭也吃不下,即便吃得下,也因为自责而故意不吃。若多吃饭,就会被集团意识认为是无耻之徒。

警察所会再传唤的警告,也让我变得如惊弓之鸟。走在路上,若远远地看见警察所传讯人竹村的身影,我就会像被追赶的雉鸡一样,一头扎进柴垛,身子露在外面。于是竹村就在我屁股上狠狠踹一脚,然后扬长而去。

一个下雨的星期天,也许是看着日渐羸弱的儿子感到忧心,母亲悄悄对我说:"就算巡查再坏,也不会在下雨天来抓你这样的小孩子,天放晴前,你就放宽心吧。"说完转过身去,抹掉眼泪。

从此以后,只要一下雨,我心里就会感到一阵轻松。民族的解放,把我从这样的处境中解放出来,这一点是令人高兴的。如今我还经常开玩笑说,最能感到解放的愉悦的,除了金九先生,接下来就是我了,以此来形容过去岁月中自虐的苦难程度。我并不认为这样的形容是过分的。只是我那一下雨心里就变得温暖放松的习性,即便解放后也是一样,贯穿了我整个的年轻岁月。

所以,从现象学来看,我认为与自虐者关系最为密切的自然现象就是雨了。

作为家庭的一分子,为了家庭的价值而必须自虐,这样的个人,就是韩国人的普遍形象。因此韩国人善于自虐,并驾轻就熟地赋予自虐以积极的价值。

谁若干了坏事,受谴责的不是这个人,而是他的家族;谁若做得出色,这一荣誉也是归与他的家族。于是,个人消失了,这一消失过程即是自虐。

解放后,家庭和个人的价值观发生了很大变化。小家庭的制度化使得个人的价值得以强化,家庭的价值逐渐削弱。现代社会中,那种迫使个人自虐的家族价值几乎消灭殆尽,或处于濒死状态。别说自虐,就连自制也很少,家族或家庭被置于自我欲望之下。可以说,之所以有靠着简单思维、投身犯罪和暴力的青少年,原因之一就在于价值观的空白,那曾经强盛过的传统家族共同体集团意识离我们而去,可取而代之的价值观却未形成,如今个人意识强于家庭意识,若金村刑警现在强迫我坦白,我肯定会坦白。即便不坦白,那也不是家庭意识的缘故,而是出自我对恶有恶报的个人理解了。

第一人际层与依存性

人生活在以自己为中心的四个同心圆,即四层结构之中。

以自己为中心的家庭,是第一人际层。在第一人际层中,韩国人是极其道德和人性化的,对外则具有排他性。第一人际层内,韩国人的"我"这一个体消失在其中,从房屋结构和家中的生活态度可见一斑。

先来看看英国式生活态度。

家中每个人都有自己的房间,有着自己密闭性良好的空间,在客厅或餐厅等共同场所与其他家庭成员交流接触。一天中在自己房间里独处的时间,要比在共同场所度过的时间多得多,且独处的时间具有重要意义。

其次再来比较印度的生活样式。这一生活样式遍布中亚、中东,一直到希腊、意大利等南欧国家。他们虽然也像英国一样,有个人房间,但共同场所发挥着重要作用,一天中的大部分时间是在共同场所度过的。个人房间的封闭性要比英国样式差些,某些情况下,个人房间很容易被用作共同场所,其共同场所是对外开放的。

韩国样式又是怎样的呢？韩国的房屋结构本身不重视个人房间，说全部都是共同场所也不为过。家庭成员一起干活，一起排成"川"字形睡觉。房间不按照各家庭成员来分割，而是按照整个家庭生活的需要来作划分。

房门不像英国那么结实且密闭，而是用移门或纸门作形式上的划分。对于外部，则用厚墙作隔断，把内部封闭起来。对于韩国人而言，第一人际层在结构上不以个人分隔，只在外围作一层隔断，因此从整体上来看，各人总是在跟谁共处。

由于各人没有属于自己的房间，所以当身处无人的房里，而且没有非这样不可的特别原因时，就会感到不自在，感到奇怪。只要是韩国人，都会有这样的体验：就算有自己的房间，待在自己房间里做着什么，当听到其他房间里传来家人们的欢声笑语时，心里就会蠢蠢欲动，为之吸引，最后自己也跑过去。

家庭房屋结构所对应的行为方式之间的差异，对个人的人格形成和人际关系的形成起着至关重要的影响。为什么这么说呢？因为人际关系是社会生活的基础，各人对人际关系的处理方式是在家庭环境中养成的。

据美国的一位精神分析学家研究，人际关系行为方式的基本样式，是在三岁半以前形成的。也就是说，韩国人和西方人是在幼儿期形成各自的特点的，而幼儿期的成长主要来自与母亲的关系。且成长过程中,这一特点在与其他家庭成员的关系中鲜明地体现出来。

与韩国人相比,英国人、印度人之所以能做出强硬的自我主张,与第一人际层的生活样式不无关系,他们拥有各自的"城堡",因而保证自己权利不受侵害的意识十分强烈,家庭成员之间也形成默契,知道彼此的"城堡"是不可侵犯的。

其实,不管是西方人还是印度人和意大利人,个人主义的盛行都是理所当然的。只不过前者是在尊重对方意见、坚持自己立场这一不可侵犯的规约之上形成的,后者则是在自我主张的基础上确立的。

而在韩国的家庭生活样式中,个人主义没有成活的可能,养成的是怎样顺应对方、并让对方顺应的习性。由于个人主义的缺失和柔弱,支配人生的总是依存习性。韩国人之所以在人际关系上迟钝木讷,缺乏社交性,是因为缺少英国或印度样式中那种独立的共同场所,并跟外界相隔绝的缘故。

在西方,人们从小就进入共同的场所,学习发表自己的观点、听取他人的意见,且这个场所是向外界开放的,能熟练地跟家人以外的人自由对话。而韩国人则在这第一人际层中,养成了依存性和非社交性。

第二人际层与封闭性

第二人际层是以自己为中心形成的、有着重要意义的人际层。第二人际层在家庭这一人际层外,因此距离第一人际层最近。

第二人际层的人几乎每天都要见,若无特殊原因,长久不见就会觉得奇怪。在农村,第二人际层是指自古聚成的村落里的村民;在城市,则是在同一职场工作的人,若是大公司,则指同一部门的成员。

第二人际层不只是近距离的空间因素,更重要的是以工作为纽带而结成同事关系,或在长期工作过程中结成重要关系。因此,我们与第二人际层的人们维持着比较恒久的人际关系,重要且亲密的友人,多是从这第二人际层获得的。同时,即便合不来,也会努力保持接触,彼此之间培养起一种顺应性。

而当超过让步或忍耐的界限时,便按着"不和→内分→分裂"的状态进行下去,因此最为嫌恶、最为憎恨的敌人,也是在第二人际层中形成的。第一人际层的集团性和封闭性被照样搬进第二人际层。好比西方人在第一人际层中习惯在自己房间里独立生活一样,在第二人际层里也保持着独立性,即以自己的资历、功能、实力,签约后进入第二人际层。

韩国人在形式上也是以资历、功能和实力,签约后进入第二人际层,但在内容上,则是以某种依存性的人际关系,即家属、亲戚、师生、学长、同窗、同乡等缘分进入的。即便不靠这些依存性的人际关系,而是通过签约进入,也会在进来后结成依存关系。

正如第一人际层的外墙厚实且封闭一样,第二人际层的外墙也同样坚厚且排他。于是,较之西方,要穿透第二人际层的表皮进来相当困难。为了进入第二人际层,成为同事,习俗上新来者必须接受艰苦的试炼,这即证明了外墙的坚厚。

人类学称这一试炼为"免新礼",这是原始社会的共同习俗,但在文明发展过程中逐渐消失,唯独在韩国被强化,传承至今。

"免新礼"这一意识是让新来者适应第二人际层的接受条件。即在进来时,除遵守职场规则、尽职尽责等合同规定的条件外,还要从精神上要求新来者作全身心的适应。

旧时,不光是官衙,还有妓院、女巫团体"风流房"、包袱商以及农村结社团体"农社"甚至监狱等,都曾盛行"免新礼"。

经历严酷的试炼才能进入第二人际层,这也证明了第二人际层是多么封闭,证明了对同一化集团的追求是多么强烈——新入者的异质性必须完全清除,不仅是公共生活,就连私生活及思想、行动,都要同一化。

"免新礼"虽然正在渐渐消失,但种种迹象让我们看到,其本质因素仍在发挥着作用,例如心里总会有一种负担感,想着什么时候得请老字辈们吃顿饭;与众不同、自命不凡或独立行动,便会不入老字辈们的眼。

在西方,除根据合同履行义务责任、按规定工作做事外,没有什么能够限制个人的行动。而韩国恰相反,韩国人的职场伦理除上面的责任、义务、规则外,还深深牵扯到上司、部下、同事之间的关系,以及职务外的私事。究其根源,便在于此。

第三人际层与一般性

在农村,第三人际层是指跟村庄这个第二人际层有着密切关系的邻近地区。例如母亲或妻子的娘家人,姐妹或女儿的婆家人,以及同班同学散在的区域。此外还包括通过村落节日而结成密切关系的外地人,以及将农村产品贩至城市的固定商人。

若是大企业,则可以说整个企业的员工、同学关系、经常光顾的商店等,都属于第三人际层。第三人际层包括并不直接认识的人,也包括利用现有网络能够结识的人。这一人际层中的所属者可以从各个方面做业务上的利用。

不用说,活动范围越是大的人,第三人际层的功能面也就越广。从现代化经营的角度来看,所谓营销战略,便是指挖掘第三人际层的战略,这一人际层对商务有着重要的意义。

在西方,第二、第三人际层的紧密程度并没有区别,因为独立的个体是根据契约和理性的人际关系从事的。而韩国人的第二人际层有着相当坚厚的外墙,较之墙内,墙外人际层的密切程度和亲密程度都要逊色得多。业务上之所以很难向第二人际层渗透,正是因为第二人际层的外墙十分坚厚,和其外人际层接触的频率很低。很少有哪国国民像韩国人这样,亲密程度受接触频率影响。

远亲不如近邻,养育情赛过生身恩。换言之,较之血缘关系,韩国人更重视因接触而形成的人际关系。

为何对于韩国人而言,离别尤为伤痛?为何意味着隔离的流放,在韩国会成为刑罚?也许这正是源自韩国人对接触频率的敏感。

因为与第三人际层的接触频率剧减,因此人际关系相对疏远,但矛盾的是,当需要第三人际层的人时,又会觉得其实并不遥远,这也是韩国人的特有意识。

第二人际层的人际关系,韩国人是靠"情"来结成的,而第三人际层则是靠"义理"结成。靠感情结成的人际关系是超越利害、善恶和苦乐的自发式关系,而义理则是作为式的人际关系,而非自发性的。

感情可以通过接触频率来培养,接触频率低,感情会冷却。而不夹杂感情的义理所结成的人际关系,往往不是双向的,很多情况下是单向的。

例如,对于第三人际层的人,韩国人会摆出义理来,作单方面的考虑——从他跟我的关系来看,大概不会那么做吧;念书时他跟我最铁,拜托他点事应该没问题的;就算看在他先亲与我的关系份上,应该不至于给冷面孔看吧;看在丈人的面子上,这点小请求该不会拒绝,等等。

大凡不夹杂情感的义理，都是这边这么想，那边未必那么想，因此义理无法是相互的。可韩国人却无一例外地把这单方面义理的"应当作为性"设为前提，来制定业务计划，设置幻想性的结局，而付诸行动后，大多遭受挫折感。

正如上文所指出的，第三人际层对于业务是重要的，加以利用时，千万不能倚在义理上作单方的幻想。若要利用这第三人际层，就应顺着义理之绳，增加接触频率后，再作他想。

第四人际层与隔绝性

第四人际层,是四个同心圆中最外的一层,是"他人"所在的圈域。第四人际层若无限扩大,则可以说是无边无界,因此陌生的外国人都属于这一层。对于人们而言,第四人际层的结构大致在二十多岁时形成,之后即便稍有变动,也不会很大。韩国人大概到二十七八岁才有稳定的职业,通过职业形成集团归属感。想要增进关系,从第四人际层进入第三、第二甚至第一人际层,则过了二字头的年龄后,除了极为特殊的情况,就无甚机会而言了。

实际上,跟第四人际层的人即便通过某一机会介绍相识,交换了名片,之后若无具体相关联的事情,或没有具体的共同经历,则也就以一面之缘告终。

韩国人的职业以及社会生活基本上只局限于第一、第二人际层,只偶尔通过业务与第三人际层发生联系。

延世大学的创始人是美国人安德伍德。有一次,安德伍德三世跟我聊起来。他说,他儿子有朋友经商,主要贸易对象是韩国和东南亚国家。儿子的这个朋友有次到韩国来找他,跟他讲了下面这段话。

中国人做第一次生意时,无一例外都是把自己的利益减至最低,把对方的利益增至最大。这样,一次的交易就会给以后的交易铺平道路。即便交易不成功,中国商人也会以平常心继续保持常规的接触,因此跟中国人做生意能够做得长久。相比之下,韩国人和菲律宾商人要是做成一笔交易,就会使用各种手段,将自己的利益最大化。这样,当有第二笔交易来到时,即便有利可图,也多不成功。

韩国商人给人的印象是生意只做一次。交易结束后,便化归于无,这是第四层人际圈的一种体现。

海外的韩国商人或侨胞,之所以摆脱不了小商小贩的规模,原因之一便是无意识中将第四层的人际关系用到了生意中去。"我"生活在四个同心圆中,若论"我"与各层的人际关系,则韩国和其他国家有着鲜明的区别。

以自虐获取同情

西方人也有着这四个同心圆人际层,但层与层之间的墙壁不像韩国人那么厚。韩国房屋的围墙把外部与内部隔断,而西式房屋的围栏只不过是边界标识,不妨碍进出,人际层之间的流动是自由的。

西方人自身与这些人际层之间的关系是客观平等的,亲疏远近区别不大。而韩国人则以自身为中心,越是离得近的人际层,关系就越密切,越是远的人际层,关系就越疏远。即以自我为中心,主观性强,人际层成员从内往外呈力学式分布。

英国人称自己国家的语言为"英语",法国人称自己国家的语言为"法语",很少有哪个国家像韩国一样,称自己国家的语言为"国语"的。英语人法国人无论到哪里都称"英语"、"法语",说明他们的认识是客观的,即自己国家的语言只是全世界许许多多语言中的一种。而韩国人的认识完全以自我为中心,极其主观,称自己的语言不叫"韩国语",而叫"国语"。"国语"如太阳般独一无二,英语法语则如卫星环绕周围。

这也是韩国人为何十分内向、执拗的原因所在。所以,韩国人对物理性、社会性的"往外去",会产生抗拒意识,到外面去的,总是弱者。这样,留在里面的成员,地位上升;到外面去的成员,地位便下降。

印度的家族制度中,是按照经济能力的强弱从大家族往外分离,有经济能力的先分出去。而在韩国的大家族中,总是地位低的老三、老四先出去,长子留在家里。

对于韩国人而言,自我与周围人际层的紧密程度,与宠爱的分量是成比例的。与第一人际层之间的关系中,宠爱最为深切,然后依次递减,至第四人际层(他人)完全消失。

宠容圈外围有厚厚的墙壁,墙外的人是敌对的。与第四人际层接触时,之所以产生敌对,原因正在于此。墙外寒风凛冽,若被弃之于墙外,则对韩国人而言将面临无法忍受的煎熬和痛苦。

生活中常有这样的事情,尤其是当女客来访时,当着客人的面,大的孩子会无来由地打小的,把小的弄得哇哇直哭。这大多是因为客人们的注意力总是集中在年幼的弟弟妹妹身上,大的孩子被边缘化了,被弃于宠容圈之外,为摆脱这难以忍受的煎熬,跻身于圈内,便产生了上面所说的一幕。

我们时常听闻的劫持人质事件,也是被排斥在这一宠容圈外的青年人为挤入圈内而作的挣扎。正如大孩子在客人面前打小的是为了获取关注一样,劫持人质者的这一行为,也是为了获取社会的关心与关注。据劫持犯的生活环境调查资料显示,他们身上有着共同点。

虽然触发原因多种多样，但有一点是相同的，即他们都很早就被排斥在第一人际层（家庭）外，第一人际层是宠容的温床，他们从小便失去这一温床，且未及形成第二人际层，就到了一块宠容无法存身的中间地带，即在军队中服役。

劫持犯所提出的条件往往荒唐无稽，而且犯罪前，自己也不认为以劫持人质的行为，就一定能换来某一要求或条件的实现，而是想到世事无情，便在瞬间的冲动之下，实施了犯罪。

"世事无情"，这正是被边缘化、被排斥在宠容圈外的一种表达。许久前，当一个被捕的首尔银行抢劫犯被问及犯罪动机时，他说自己所爱的女友正在等待他答复是否与她结婚，因时限紧迫，无法忍受，故而实施了抢劫。跟其他劫持犯一样，他也是先被边缘化在宠容圈之外，之后幸运地与一个女人结成宠容关系，因惧怕这一关系的结束，瞬间冲动之下导致了犯罪。

宠容的有无，不仅关系到消极的犯罪，也作用于有积极价值的行为方式与伦理道德。"三一"运动时，民族代表们聚集在泰和馆，朗读独立宣言，点燃这一历史性民族运动的烈火。然而，他们开创契机之后，却并不走上街头，作为民众的先锋呼喊独立万岁，将之发展成积极的行动，而是坐在民族运动的产房里，打电话给钟路警察署，告知自己所在，让警察快来抓他们。

虽说这一不抵抗运动是弱者面对强者的无奈之举,但也是一种取宠之举,用来号召民心,即向同情弱者、支持弱者的国民以及全世界舆论取宠。

在野党进行斗争时,动不动就在议事堂前集体绝食抗议,可以说也是一种取宠行为,向同情绝食者的国民"取宠"。

再来看看旧时的儒生。当他们不满于国家混乱、政治昏暗,便辞官回乡,隐遁山林。他们有一种惯用手法来表示强烈的拒绝出仕的意思,那就是自居为"青盲",并广告天下。"青盲"是一种酷烈的自虐手段,就是睁眼瞎,故作盲人状。

宣告当"青盲"后,朝廷便不再劝其出仕,并使其所在地的地方官予以监视。于是,青盲人无法从事生业,一生都只得作为瞎子,在贫困中终老。尽管这是残酷、自虐的一生,但无数儒生选择了这一道路,因为天下百姓赋予"青盲"以绝对价值,从百姓可取得宠容。青盲与宠容所凝聚成的舆论强度,成为纠正昏暗政治的有效因素。

当遭遇天子或国王之丧,相隔数万里的韩国乡村中,儒生们三年之中不食酒肉,不睡暖炕,席地而眠,不辞寒苦;若父母患病,卧床不起,便为之舔粪,或断指割肉,以血肉饲之。这些自虐的忠孝,或许也促成了韩国人宠容价值观的形成。

4

能力强不如关系铁

地球村的文化冲突

1969年,为攀登喜马拉雅山,我们要在尼泊尔一个名叫博克拉的山村里雇佣三名当地人,作为传信员(mail runner)。这三名当地人是藏族,登山的这三个月中,他们要当我们的飞毛腿,往来于博克拉和大本营之间,传递专栏稿件与各种邮件,往返一次要十五天。

先要谈价钱。说明了任务后,告诉他们我所能支付的报酬,问他们是否同意。

没想到这三个藏族青年就像和着口令似的,头往左边一摆。头往旁边摆,分明是"NO"的意思,所以我就问:"有什么问题吗?"三人面面相觑,一副不知道怎么回事的表情。

无奈之下我只好说,每天再多加一个皮阿斯特。三人听了,做出佛教中的合掌姿势,表示惶恐。

后来我才知道,这些居住在喜马拉雅山腹地的藏民在表示"YES"之意时,都是将头往旁边一摆。由于不理解他们的文化,我的皮阿斯特遭受了巨大的损失,一想起来就懊悔不已。

地球变得越来越小,与具有不同表现方式的异民族接触时,不仅会出现些小差池，还潜藏着许多重大问题。

直到近代，仍是同一文化圈域中的人相互接触，因此服装、饮食、习惯、语言等同一文化圈域中的表现方式并不重要，也无探究的价值。

而如今全世界成为一体，一生中许多时间要跟语言不同、价值观不同、意识不同的人生活接触。地球上的六大洲成为邻近的村子，五大洋成了村子旁流淌的小溪。交通通讯的发达，使得庞大无边的地球缩小为一个地球村。

新罗时期，高僧慧超去一次印度花了七年时间，而现在一天之内便能从新德里到达首尔。

韩美建交条约签订后，第一个去美国的韩国人是明成皇后的侄子闵泳翊。当时闵大臣坐着世界上最快的美国军舰，从济物浦（仁川）到圣弗朗西斯科，用了四十天时间。而如今从首尔出发只需十小时。然而，这地球村现象究竟会使人们实现相互接近的梦想，还是会给人们带来噩梦？这还是一个疑问。

地球村，是否是单纯的人类集团？是否会形成真正的共同社会？村里的居民们是否能对彼此的不同之处加以有效利用，成为相辅相助的邻里？还是会结成相互反感的小集团？这谁都不知道。

从最近十年间发生的事情来看，答案不容乐观。人类虽因交通、通信和大众传媒而变得接近，但似乎并未因此而加深彼此的亲密感，反而使分裂加剧。物

理距离缩得越短,就更加凸显出心理距离,两者的背离更增强了人们的警戒心。

如今,即便在同一文化圈域内,也是矛盾重重,不仅黑人白人、男性女性、富人穷人、雇主雇员的矛盾没能解决,什么岭南湖南,什么安东金氏文化柳氏,地域之间、家族之间的明争暗斗同样无法平息。

人们各自生长在不同的环境,即便是世上的同一件事情,也是以各自不同的角度来看待。于是,同样是"土地",农夫和工厂主看的视角就不一样;同样是"家庭",男性和女性的视角就无法一致;同样的"母亲",对待亲生女儿和继女的反应定会不同。个人之间的摩擦和碰撞已如此,更何况不同文化圈域的际会!

我们常常看到,同属一个文化圈的两人,为缩短彼此之间的差距,仍不得不加大嗓门。可以想象,跟不同文化圈的人对话时,得克服多大的障碍!

例如美国人,相较于幅员辽阔的国土,人口稀少,资源丰富,条件得天独厚。浸淫于基督教和犹太教的传统,受到西欧抽象性、分析性思维的教育,从物质和实验的角度来看待事物。他们的哲学是实用主义,政治上是平等主义,经济上是竞争主义。多数情况下,从人道主义的角度为对方考虑,缓和了个人主义色彩。表现外向,在礼仪和规范上没有耐性。轻薄而缺乏慎重,喜欢推理与讨论,直率而善于廉价的同情。好奇心强,性情开放,相互帮助,但想按自己的想法改造对方,具有传教士般的热情。

若面对属于异文化圈的美国人而未受到文化上的冲击,反而是不可思议。

"YES"有时是"NO"的意思;摆手不是让走,而是让来。就好比进了一间四面八方都用镜子当墙的房间,分不清上下左右。

假如天上飞的鸟智力变发达了,产生了对于科学的好奇心,那么就会研究起自己周围的星罗万象,但其生活的天空,肯定不属于研究对象之列,就像水中游的鱼定会忘了对其生存的水域做调查。人也是一样,由于无意识中成为遗传基因的文化规范深入骨髓,所以很容易等闲视之。

这就叫做集体无意识。韩国文化圈中,韩国人的集体无意识虽不为己所知,但却是韩国人在日渐变小的地球村中生活的基本样式。这一集体无意识出现的过程,我用"表现结构"一词来代之。

能力强不如关系铁

社会学家常将韩国人的纵向意识结构与西方人的横向意识结构相对比。也就是说,韩国人对所有事物都是从垂直、纵向、次序的角度去把握,同样是车床工,也要按参加工作的年度、资格证取得的日期来排座次。如果参加工作和考取资格证的时间一样,则按入学年度或年龄大小来排。若这些也都一样,那就要算生日的先后了,非要分出等级来才解恨。同样是少尉,任命日期对排序至关重要。大学教授也不例外。某人若被政府机构任用,则职位究竟定一级还是二级甲等,非排出次序不可。

韩国人坐电梯时,若有上司、老字辈或年长者,则绝不会抢在这些人前面进去。公司同事聚餐时,不用特别去想,便自然而然地找到上座、末座坐下,不会感到有丝毫别扭。

没有哪个韩国人会在父亲动筷子前先开吃,否则那沉重的压迫感是无法承受的。

在韩国,像西方流行的学术会议那样进行纯粹的学术讨论是不可能的,这已成为共识。为什么呢?正是因为韩国人在会上总是纠缠着前后辈、师生关系等次序意识,拘于这一意识,无法各抒己见,反驳自己的前辈或导师。

而这一现象不存在于西方的任何集会。我去喜马拉雅旅行时,曾目睹藏族喇嘛学僧们的教理会议。会上,他们不分上下等级,坐在同列,也不使用敬语。这一教理会议时,达赖喇嘛也走下龙床,与僧侣同列。

英国的大学里,教授、副教授、助教授、讲师一概称为"colleague"(同事),同一系的同事不分先后,都直呼其名。在学生等第三者面前,则加上"教授"或"博士"等尊称,但同事之间都是称呼名字,忽视等级和次序,在和睦而轻松的同僚氛围中工作。而在韩国,同事之间不是横向的,而是区分上下次序的纵向式关系,因此同事之间缺乏纽带感,代之以教授、副教授、助教授、专任讲师、钟点讲师、助教、学生这一细分的垂直序列,较之教授之间的关系,教授与其弟子助教授或讲师、助教的关系要更为亲密。

学生之间,一年级、二年级、三年级等次序意识较西方任何国家都要强,被放在学年、成绩、能力之前,这也证明了韩国人强烈的次序意识。

排次序明座次

有一次坐火车旅行,我前面坐着两位老人,一位看上去五十多岁,另一位六十多岁。两位老人恭恭敬敬地互通姓名,两人都姓金。问到祖籍,两人居然也一样,彼此不禁又惊又喜。同姓同籍之后,接着要比辈分。一比辈分,六十多岁的老人比五十多岁的老人低两辈,相当于孙子辈。

一切都探明后,这两位老人的态度陡然改变,五十多岁的老人发话后,六十多岁的老人便开始用敬语。年轻的对年老的用上对下的语气,年老的对年轻的则用敬语,这一光景也许甚是奇特,但却是次序意识下的普遍现象。韩国人与陌生人初次见面时,为明确彼此位置、排定双方次序而很是卖力。

旧时人们讲究"班常贵贱"、"家谱"、"辈分",现代人则较之职业和职责,更计较学历背景、年级和地位,最终必须明确排出彼此的座次。

A向B介绍C时,喜欢说C的职位,说C的学历背景和学位,说是我的学长或是学弟,一定要让对方从座次上去认知。以前根据

"本"、"派"、"行列",形成"班常"、"门阀"等序列;如今则以职位、学阀、学长学弟等序列代之。

外国人虽有名片,但很少用,即便用,也只是注明自己的职业和联系方式,不像韩国人那样罗列出诸多的职位。从韩国人的名片上,为明确自身座次之高的良苦用心可见一斑,甚至连得了什么奖、参加了某一国际会议等都会写上去。

提高自身地位的这一举动,正源自韩国人非明确座次不可的意识。这样的例子不胜枚举。

身体部位也有座次

韩国人的座次意识之彻底,使身体也参与排序。举"己卯士祸"时痛斥不义、绝食而亡的学者禹南阳的例子来说明。禹南阳住在平泽,平时大门不出二门不进,彻底贯彻道学的行动哲学。只有在祭祀时才低头,且从不梳头,生怕掉发,怀抱彻头彻尾的"尊头思想"。"尊右思想"也毫不逊色,穿鞋、大小便这些卑微的事情,一律使用左手。从这些"尊头思想"和"尊右思想"的事例中,体现出韩国人强烈的次序意识。

1900年英法联军为攻打天津、北京,挫败斥洋清兵,将战线设在北方。法军为满足战争所需,所有运送军粮器械的脚夫都从韩国招募。

当时首都法语学校的学生被强行征用,作为洋人军队的雇佣监察。其中一个名叫任运的,也成了监察之一。

任运成了法军的翻译官,被令脱去韩服,摘下冠帽,换上西服,但始终未从。最后拗不过屡次命令,只得将衣服换成军服,但冠帽却誓死不摘。面对这个韩国人的执拗,法国人也奈何不得,只能让他戴着网巾和冠帽。

法国军服配韩国帽子,成就了天下无双的奇装异服。韩国人对于冠帽的执拗,不免令人悲叹。

后来,任运因患疫病住到天津的英法联军经营的红十字医院,他问值班护士琼小姐,自己为何会头疼,琼小姐说:

"儒语忘您(网巾)以是底故祟,我以沈克。"(Your Mang-kun is the cause, I think.)

任运因为誓死不肯摘网巾,所以遭护士讥笑。于是任运也回敬说,你们西洋女人绑下腹部的紧身褡,跟朝鲜人绑头的网巾不是半斤八两吗。

1905年,即签订乙巳条约那一年,当时的亲日派、宫内府大臣李载克,于天长节,即日本明治天皇生日那天,受邀参加日本公使馆举行的宴会。他举起酒杯,三呼"天皇陛下万岁"。当时正值排日情绪高涨和国难危机,三呼万岁的李载克成了讨伐的对象。事情传到高宗的耳朵里,于是盛怒之下,唤来李载克责问。以当时的观念,只有在祝愿自己国家君主万寿无疆时才能呼"万岁",除君主外,向他人表示祝愿时称"千岁"。这样看来,李载克呼万岁的事件可不是睁只眼闭只眼就能过去的。

李载克苦思冥想应对之策,终于想出妙计。他拜倒在君主面前,为自己辩解说:"臣在宴会上未唱'万岁',而是呼'般在以'(万岁的日语发音),并未犯下侵讳之罪,更何况是无冠而呼,不想累及圣虑。"

以呼"万岁"时未戴冠为由,免除自己的罪责,从韩国人李载克的这一思维方式,可以想见冠帽所含的深意。

眼镜与权威

　　一位美国读者把他自己和周围美国人所共同感觉到的韩国人的几个特点记了下来,给我寄了来。

　　"韩国人吃饭很快;韩国人总是急着回家;恋爱后,就跟以前不一样了;不管什么都问是真的还是假的;很多人眼睛没问题却要戴眼镜。"

　　其中我较为感兴趣的是最后这一条——"很多人眼睛没问题却要戴眼镜"。到眼镜店里去问,也是说要求配平光镜的顾客大概占三分之一。如果说这一现象是韩国人的某种不同于外国人的意识特点所致,那么倒值得深究一下。若随随便便就认为戴眼镜是为了使容貌更匀称,或更有威严,或遮丑,那么问题就会很简单,然而如若不是这样,那么会不会有别的原因呢?

　　回顾历史上那些因眼镜而起的风波,也许能为上面的疑问找到一些线索。

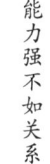

宪宗时，其舅因为患眼疾，戴着眼镜从其身旁经过，宪宗便对身边的臣子们说："真想把刀插到舅舅的脖子上。"

高宗二十八年（1889），日本全权公使大石要谒见高宗，正在一旁等候，这时宫中如石入湖心，波动不安起来，原因就是这位公使戴着眼镜。在年长者面前戴眼镜，已经是无道之举，更何况是当着一国之君的面。当时的翻译玄暎运劝其摘下眼镜，却奈何不得。围绕着这一"戴镜谒见"事件，朝廷向日本政府表示了抗议，说这是对国家的蔑视，对君主的不敬，但日本未有反应，倒霉的是翻译玄暎运，只能为这一事件担责，遭到流配。

再举一个相反的例子。德国人莫伦道夫因视力不好而佩戴眼镜，他谒见高宗时，按照韩国的礼法摘掉眼镜，由此获得了高宗的信任。当时的人们称这种信任为"眼镜德"。

朝鲜末代君主纯宗近视得厉害，但与高宗一起时不戴眼睛，情愿忍受不便。

如上所述，眼镜是绝对不能在长者面前佩戴的。反之，在下人面前显示自己的威严和权威时，会故意弄副眼镜戴上。

江华岛炮击日本军舰云杨号事件后，修信使金绮秀前往日本，谢罪席上金绮秀虽然没戴眼镜，但相关画作《入京图》中，他却戴着厚边眼镜。围绕入京时的这副眼镜，日本人也许会想，视力不好的韩国人真多，而在金绮秀，却是为了在劣等国民面前摆出高姿态，把眼镜作为炫耀威势的道具。

从这些例子可知，眼镜对于韩国人而言，除了矫正视力的作用外，还有其象征威严的附加值。

因此歌德说过这样的话："在戴眼镜的人面前我感到萎缩和不

安。"为什么呢？因为戴眼镜的人透过镜片直视对方，而对方因镜片的反射光而眩惑，无法捕捉到准确的视线。眼神是"精神之光"，隐藏自己的"精神之光"而捕捉对方的，若处在这种不平等的位置，当然是不利的。

关于眼镜，法国作家阿兰写道：

> 看，他摘下眼镜，一边向眼镜片哈气，一边擦拭，仿佛让你感到他已离去，只把你一人留在这里。现在你正看着他，但他却未在看你，他的世界中，你并不存在。

隐藏自己，偷窥他人，眼镜满足了这样的习性。

喜欢戴眼镜，在眼镜上尤为敏感，这也许是因为隐藏自己、偷窥他人的意识是韩国人普遍所持有。

因此可以说，这种关于眼镜的习性是两种倾向的复合体，一是想了解外部，二是拒绝被外部了解。

面子影响表达

耶稣基督在世时,犹太人议会及最高裁判所有一条我们现代人很难理解的运营原则,那就是议事或判决时,议员或陪审员若全体一致,则视为无效,必须要有异议或异见,才会被采纳。

这一原则有意在就大事做出决定时,排除外部划一的压力,但也不过是犹太人意识特点的制度化罢了,即不会为了道义名分或支配性舆论而牺牲本心。

例如,在韩国学校中,老师若问:"懂了吗?"学生即便不懂,也会异口同声地回答:"懂了。"为什么呢?这是因为学生们知道,自己的任务是全体一致地回答"懂了",这样便符合了老师的期望。这样,在老师是名分,在学生则是为所当为,由于支配性趋势是全班都听懂了,所以牺牲了本心而说懂了。此时,说出"我不懂"这一事实的独立言行是不被容纳的,因为韩国人是依存性关系。

而在西方的学校中,学生们若有不懂的,就会坚持说自己不懂,甚至到让人难堪的程度。

几个人一同到食堂里点菜,一两人先点,即便他们点的不是自己想吃的，也会随声附和说"我也要这个"，韩国人这种暗藏的同一化习性，正如不懂却随大流地说懂的学生们一样，都是同一意识特点的产物。尤其是关系越浅，这种表里分离就越严重。不管什么事情，都将本心藏起，用为所当为来压制本心，克制忍耐。

日常交际及职场生活中，人际关系要考虑到脸面与本心、公己与私己，柔和地加以操控。例如，路上遇到自己并不想见的人，两人已许久未见，此时心里不免犯嘀咕："真倒霉，怎么就遇见他了呢？快点走掉就好了……"表面却笑着招呼道："好久不见啦，改天一起喝一杯。"对于外来者或访客，韩国人给以隆重款待，不惜牺牲自家的吃穿用度，为了这款待，多半是几个月里粗茶淡饭。遇到婚丧，也大操大办，不惜败家举债。这是因为家计是本心，是内面要素，而大事则是应当作为的，是表面要素。

仁祖反正的功臣金鎏，其夫人过生日那天，上流高官的夫人们聚齐庆贺。当时，北边的豪族日渐壮大，边疆战云密布，也许不久就将入侵。于是，这些上流社会的太太们不得不面对一个共同的话题，那就是一旦豪族入侵，自己该如何行事。大家无一例外，都说要用匕首自绝，或跳崖投江。这是应当的作为，名分上理应如此。只有一位承旨夫人，勇敢地说出了自己的本心：事到临头才知分晓。一听这话，所有人都指责起这位承旨夫人，其中，一位参判夫人甚至骂其为"卖身给猪狗的贱人"。

在这种表里不同的双重结构社会中,若像那位承旨夫人一样,不为"表"而牺牲"里",将表里单一化,则必定会被视为异端,被边缘化,被指责和非难。

正如贵妇人们所料,敌军打了进来,占领了京城,君主惶惶然出逃避难。逃往南汉山城的一群贵妇人,刚渡过三田渡,便被敌军擒获。其中有说事到临头才知道会怎么做的承旨夫人,也有代表众人责骂其为贱人的参判夫人。可奇怪的是,只有那位说事到临头才知分晓的承旨夫人最终守节到底,被怒火中烧的敌将剁碎,扔到了松坡镇墟坪之上;而说要自尽投江的那些太太们,尽管江水近在身边,却未能付诸实践。特别是那位骂贱人的参判夫人,后来成了敌将的爱妾,跟着回去做了清人。

韩国的面子和西洋的名誉

漫长的历史岁月中,韩国发生了多少因面子而杀人的事件。

将我们国家的面子,与西方人的名誉相混淆,这是不对的。举《秋官志》记载的事例。年轻姑娘夏天上山挖野菜,天气炎热,便脱去上衣去溪流里洗澡,不想却被樵夫看见。仅仅因为这个,家中的父亲和叔叔就合力将石头裹在其裙子里,将之推入河中。这便是因面子而触发的事件,西方人是无论如何也无法理解的。这是有关面子的事情,与他们所重视的名誉并无关系。

假如某欧洲地方官有个不肖浪子,在酒吧里挨了吧女一胳膊肘,便带领数十名警察,前来逮捕吧女,查封酒吧。此时,这个浪子虽然找回了面子,却失去了名誉。哈布斯堡家族是欧洲的名门望族,若其公子的葬礼较之平民更为简朴,则谁都不会责骂,因为这虽与面子有关，却无关名誉。反观我们国家，葬礼是按照家族传统举行，常常超乎自己的能力，之后不得不辛苦终老，这与西方有着本质区别。

我们正赤脚走在一条条面子铺就的石子路上，为了面子忍饥挨饿，为了面子吃撑肚皮；天寒无法穿衣，天热无法脱衣；为了面子哭不得，为了面子笑不得；为了面子不能表现出自己的喜和恶。

山中寻福地

《青又日录》中记载，1876年，江华岛条约签订之日，京城中沸沸扬扬，盛传三千艘日本军舰朝汉江攻来，京城百姓一片混乱，慌不迭地由四大门向外奔逃。

丙寅年，法国军舰开进西江海口时，京城也成了一座空城，朝廷则议论着去北汉山城避难。

光海君时，许筠等人为达到其政治目的，制造混乱，故意利用了民众的避难心理。他们半夜登上南山，高喊道："西边的敌人已渡过鸭绿江，琉球国的人在海岛中设下埋伏，城里的人须出逃才能免于一死。"

壬辰倭乱时，晋州城沦陷，为了诱出躲藏起来的百姓，倭寇使出奸计，利用朝鲜人的避难心理，称"躲在社仓大库者可免于一死"。于是百姓争先恐后涌至大库，倭寇便放火焚烧，库内百姓惨死于火海。

风俗学家赫尔德论及各民族聚居形态和意识特点的区别时说：

聚居在海边或平原的民族，其国家意识强于家庭意识和部族意识。西方的聚居形态便是属于此种类型，国家主义强盛。聚居在沙漠及山区的人们，则因游牧和垦荒要发生移动，移动的单位是部族，所以部族意识强盛。较之君王和父亲，他们更忠诚于部族首领。两种聚居形态的中间类型则是半山半野，这种类型家族意识最为优先。

韩国人的聚居形态便属于这第三种类型，具有保守性、防御性、背面性。也就是说海岸类型的特点是正面性，半山半野类型的特点是背面性。

韩国历史上的主要城市，无不例外地都处于山间僻地，若非是大山脉的低缓处，或无山脉作背景，便形成不了城市。城市风水的关键在于"左青龙，右白虎"，须满足"远近案山"等风水条件，这正与外部围着内部的自然条件相吻合。

带"州"字的城市，百分之八十都位于海拔三十米以上的高地，没有一个是靠近海岸的，而是尽可能背对海岸，在山中聚居，形成背面性的聚居地。

据日据期的一份记录记载，我们国家单一部落中，人口从他道移入最多的村落是小白山丰基邑的金鸡村、俗离山报恩的甑项、智异山云峰的铜店村、德裕山舞峰的北洞。原因很简单，那就是这些村子都属于一个叫做"南师古"的预言家选出的十大保身地。

面对兵乱、饥馑、疾病，韩国人不是从正面去积极应对，而是为避祸去寻找保身之地。

李圭景这位进取型的实学家统计了全国用以避祸的保身之地，

共有一百六十一处。这些避难地的条件是这样的：入口狭窄，仅容数人通过；进入后，有山崖作为天险环绕四周；内有可以开垦的土地。

　　这一保身之地的思想，逐渐发展成为神秘的隐遁思想，形成了韩国人的理想国，如"清鹤洞"、"牛腹洞"等。而欧洲人的理想国都是在海之彼岸，与韩国人形成对照。

才与德

就连平等的左右两手,也非要分出等次不可,这就是韩国人。

对于韩国人而言,右比左高级。右意味着高贵、正确、贤明,表示日出的东方。因为面朝北站时,右臂指向东方。

于是,名门望族称为"右姓",正道称为"右道",崇尚学问即"右文"。反之,左意味着遥远、不便、卑贱、不正,因此非正道称为"左道",降低官职称为"左迁"。

过去儒生们若需接触尊贵的头颅或冠帽,必定使用等次高的右手。而较头颅低微的下体,也就是说在小便或穿鞋时,则必定使用等次低微的左手。

韩国有种风俗,择婿时要偷看其小便的样子。并非是根据小便的抛物线高度来判断其精力是否强盛,而是为了确认他用的是左手还是右手,以此来断定他是否懂得礼法。

直到大韩帝国末期,钟路的通行规则仍是车马与贱民靠左走,贵族靠右走,这也是同样的意识在作祟,即不能将尊贵的"右"让给车马。

头发分缝时，弄不好会向左偏一点，这可极不吉利，是要挨骂的。买卖奴仆，若为左撇子，则价钱就打对折。饭桌或酒桌上，若为图方便用了左手，则被视为极大的失礼。

大韩帝国末期，贞洞的一位给明成皇后占卜的女巫，之所以将大院君的名字贴在堂壁上，以左矢射之，给以诅咒，也是出自相同的原因。所谓左矢，就是用左手射箭。

朴趾源的《热河日记》中，生动地记载了下人们在燕行途中遭遇土沙雨的情景。这些下人们生怕湿了头上宝贵的毡帽，遂脱去全身上下的衣服，盖在帽子上，用手按着跑。按着帽子的是右手，左手则用来遮羞。赤条条奔跑的样子很是滑稽，但却是无意识中体现出的次序意识的生动缩影。

过去书是很宝贵的东西，若用左手翻，则会遭到大人的训斥，这种现象如今还能常常见到。大人或长辈给东西或钱时，若用左手去接，则即便是现代人，也会感到不快。若用左手斟酒，或伸左手跟对方握手，则会让对方感到受了侮辱。这些都说明，"尊右卑左"的传统观念深入骨髓。

韩国人尊右卑左的思维方式，正是其浓厚的等次意识的表露，就连没有必要分出等次的事物或事理，也非要分出等次才善罢甘休。

这里，我们有必要分析一下等次意识与等次结构在企业管理上的优缺点。

从效率层面来看,西方式的管理不是以人德为本,而是以能力为本,效率很高。《时间研究》和《动作研究》这两部著作,勾勒出了西方的经营管理之本——能力主义。前者是效率研究之父——弗雷德里克·温斯洛·泰勒所著,后者的作者则是推进了效率研究的弗兰克·吉尔布雷斯。

泰勒的研究将重点放在怎样进行最大限度的作业,掠取雇员的劳动量上。吉尔布雷斯的研究重点则是,怎样才能在一定程度上节省劳动力,减轻疲劳。这两种研究有其共同点,那就是将雇员的动作分割成一个个单位,如同机械工程一样,准确维持其功能。

雇员在自己所负责的职务中被规范化了,不能多一点作用,也不能少一点作用。这样,虽能忠实地履行目标工作量,但超过目标量的作业,如集中作业、突击作业等,就不可能实现了。

相形之下,等级结构的企业不是用规则来组织的,而是靠人际关系来组织,所以只要"人缘线"(human line)运行良好,雇员便不会计较加班加点或彻夜工作。

京釜高速公路、岭东高速公路,这些高速公路的工期较国外要短得多,这让国外企业家们惊叹不已。韩国在国外的建筑工程也是速度惊人,国外企业家们无不惊诧。

这种奇迹般的效率,是集中作业、不分工作日休息日昼夜奋战的产物。这种不规则作业之所以可能,是因为韩国的集团在结构上是以人本主义作上下连接的。因此,对于垂直结构中的领导而言,较之实力和公平,懂得体恤下属的有德之士更受欢迎。

例如,A科长很有实力,学历也高,人事上能做到公平,处理起业务来也很应手。而B科长的能力和学历不及A科长，在人事和业务上也不及A科长公平，但极其体恤下属，身体不适迟到一会儿，或家中有事提早下班，都无大碍。下属若遇到什么难题，则赴汤蹈火为之解决。

这两位科长的性格形成鲜明对照，那么在带领下属工作的效率和工作量上，两人孰优孰劣呢？

平时，A科长应该很有效率，而在需要赶工期或有紧急任务时，可能就不如B科长得心应手了。B科长平时也许会出些差池，但在紧急任务到来时，会超水平发挥出令人惊异的潜力。因为纵向结构的集团是以人德来架构的，所以即便熬夜干活，员工们也不会有什么怨言。

然而我们也不能忽视等次结构的缺点。

在规范的"圆圈舞"结构中，上司和下属的关系比较松散，忠实履行职责就够了，不会对工作或上司有所不满。但在等次结构的"撒网式"集团中，用以连接的人缘线模糊不清，由此会缺乏知遇感，而生出不满与抱怨。

有一项调查显示，职场人士在酒吧中谈论最多的，是对单位及上司的不满。由此可知，韩国人普遍觉得自己在单位里未得到相应的待遇。当然，这也许是因为现代经营方式不断西化，在向能力主义过渡的情况下，人缘纽带越来越松散，对此人们很不适应，但更恰当地说，韩国人的等次意识使得人们想要置身于人缘纽带之中,从而生发出不满和牢骚。

等次结构的职场里,不满和牢骚常常跟某人有能力而获提升有关。这种提升在能力主义管理体系中是理所当然,但在等次主义管理体系中,不论这一提升在客观上有多合理,习惯于等次意识的韩国人,会对此感到不满。

最善与次善

西方人的意识结构是多元化的,善于以各种标准去发现价值,因此对"次善"(second best)也感到满足,即便次善以下,也懂得知足。

而一元化意识结构的人们,只满足于"最善"(best)。这个"最善",遥远又费力,竞争激烈,高不可攀,只好如西西弗斯一样,不停地向着顶峰滚石上山,直至终老。韩国人对"最佳"、"一流"、"完美"的执着,便是这一元化意识结构的作用。

韩国家长们追求一流学校的狂热,在国外是极其罕见的。子女能够进入一流学校好好学习,这是家长们第二层次上的希望;因为一流意味着向上,所以满足向上意识才是第一层次上的目的。

韩国人喜欢说"东方最大"、"生平未见"、"世界第几规模",这些说法正是向上意识的体现。向上意识使韩国人不满足于自己所处的现实位置,而是努力将自己同化在之上的位置。

例如戴手表，戴百达翡丽或劳力士，幻想着将自己归入能够佩戴百达翡丽、劳力士的某阶层，即把自己同化进高级手表所形成的权威与虚像之中。

以现今的处境，只能抽中等香烟，但却非要买高级香烟抽，作幻想式的向上，这种单一价值意识结构的缺点会招致很多挫折。由于这一意识的作用，韩国人成了世界上罕有的感受挫折、失败、失望最多的民族。于是医治这些创伤的处方式人生观也跟着发达了起来，如"知足常乐"思想，教导人们要满足现实，还有很多谚语和格言蕴藏哲理，如"出头的椽子先烂"、"棒打出头鸟"、"树大招风"、"长了就卷起来"等。

之所以有这许多谚语和格言，让人们对自己所处的状态知足、寻求心灵的安稳，是因为缺少西方人那样的价值多元化的意识结构，不能从意识上满足于自己的处境，非要将之作进一步的丰富和发展。

韩国人遇到痛苦、不幸、不满、悲哀时，便迅速做出现代的、物质上的补偿，其原因也在于此。西方人遭遇痛苦时，既不采用向上手段，也不采用向下手段去补偿。例如帕斯卡受牙痛折磨时，便转移思想，忘掉牙痛，痛苦的补偿法是横向移至其他价值体系。而韩国人则是纵向补偿，让自己向下移动，获得安慰。例如消极地哀叹"命中所无"、"多知为病"、"穷命是好命"等等，做向下式的补偿。

以前的时调中，有很多是向下补偿的主题。而事实上，向下补偿并不能补偿痛苦或悲哀，痛苦和悲哀被压制，反而积聚起向上的反弹力。

飞跃式的向上与诈骗、抢劫等犯罪心理直接相关，分析韩国人的犯罪原因,这一飞跃式的向上成为最大的原因,尤其是各种刑事重案、抢劫杀人,是向下加压后的反弹力造成了飞跃式向上,导致了犯罪。

可怜地挣扎着,不愿向下,这就是向上意识的体现。好不容易获取的地位,眼见着不能往上,反而下降,这比死都难受。

相较之下,白领美国人为了实现自己的目的而需要向下去当蓝领时,会心无芥蒂地去从事卑微的工作。韩国学生到了美国,之所以愿意做那些低微的工作,就是因为美国社会对于向下并没有什么特别看法。而在韩国,我们却很难见到穷学生在餐馆里洗盘子、清扫高层建筑的玻璃,或在酒吧洗碗、在屠宰场舞弄刀子。情愿饿肚子,也很难有勇气向下去觅碗饭吃。向下止步意识,在韩国人身上表现得特别强烈,这正是向上意识所致。如前文所述,佩戴奢侈品倾向中也掺杂着这一向下止步心理。

例如,要拥有一只进口打火机,即使经济上的负担比船王奥纳西斯购买一艘军舰还重,也会硬撑着买下,带在身上,这就是韩国人。

如上所述,韩国人不关注世界所客观承认的实质性价值,而是执着于自我感伤的、幻想的向上意志及向下止步的价值。

如颜料色,要在画布上与其他颜料色调和起来,才能发挥出颜料色的价值;当颜料色还在颜料管里时，是无任何价值的。人生的位置价值也是一样，要在与他人的相对界限中形成。

企业里也是这样，说所有雇员都是这一主观价值的宿主也不为过。管理者若是认为雇员的主观价值没有客观性，而采取排斥态度，则是非常愚蠢的。要知道，当职位下降，或换成不利的工作，韩国人会因为意识到"向下"而备受煎熬，心怀忿恨。因为这对其向上的主观性价值观产生了致命的打击。如若这种下降不存在惩处因素，则韩国人肯定会作非常规性的思考，不是觉得没遇到好领导，或领导不了解自己，就是觉得有人打小报告，或认为觊觎自己的人做了手脚等等。

套话连篇

由于要隐藏私己,以及那些用以隐藏的要素,韩国人之间的传情达意多采用自然发生式形态。行动受礼仪控制,对话受形式控制,因此发自内心的、表露本心的言行往往被抑制。这一表现方式使得我们国家成为世界上礼法仪式最为发达的国家。

举一个例子来说明。

放假回乡的心情是快乐的。母亲迎来久在他乡的游子,喜悦之情也不言而喻。

一边是归乡的儿子,另一边是迎来儿子的母亲,我们来想象一下,他们若是一对西方的母子,见面后肯定是热烈拥抱,让彼此的思念之情迸出火花。

我少时回乡,母亲总是先估摸着汽车到站的时间,在这个时间之前,提上篮子到菜地里去。是真去菜地,还是找个可以看到汽车到站的地方转悠,这不得而知。但每次我一下汽车,就能看到母亲挎着菜篮子,从车站前经过,于是两人偶然相遇的一幕便一次次上演。

光明正大地去迎接朝思暮想的儿子,这是真情流露的行为,被视为不符合道德,故而每次回乡,都要假装偶遇,上演戏剧性的一幕。

此时的儿子明知是表演,但面对母亲,还是不失礼数地说:"您上地里去了?"将表演客观化为事实。于是,母亲一语不发地走在前面,儿子跟在后面。路上母子之间没有交流,在履行"礼仪"这一形式之前,见到也像没见一样。回到家后,母亲正襟危坐于暖炕处,儿子则面对母亲拜倒行礼,这一礼节使得彼此思念的母子之间的情感终于有了表达的形式。

大凡是真心想问儿子的问题,母亲都克制住不问,问的是那些无关紧要,或明知回答是怎样的问题。例如,"房东大婶身体还好吧?""老师们都好吧?""天气冷,没生病吧?"等等。

儿子也是一样。儿子最想知道的,是后院柿子树结了多少柿子,自小养大的狗儿有没有生小狗,邻家女孩是否嫁人了……但这些直接的提问被克制住,问的尽是些礼数上的问题,如父亲还好吧,叔伯、姑妈、舅舅、亲家老人还好吧……日常访亲会友时,也无一例外的都是这些礼数上的提问。

旧时的韩国母亲们不会像西方母亲一样,给子女以充满感情的爱抚,或告诉孩子说,我多么爱你们,为了你们付出了多少心血。但韩国的母亲们为了子女必定是不辞劳苦的,也不会要求子女以后一定要成为什么。她们不提任何要求,暗暗地照顾着自己的子女。乍一看,她们似乎无任何意志,像是生来就是为了忍受上天所给的命运。她们的人生中不存在因强烈的意欲或执着而发生的悲剧,不会因为逆境而受到锻炼、变得坚韧,也不会因为逆境而痛苦不堪、卑躬屈膝。

然而,韩国的母亲会在夜深人静之时,找到山中的庙宇,偷偷地为了子女的健康、幸福和未来向神明求了又求。母亲所给的爱,不会因为东方西方而有轻重之别。就算有,那也是表现上的差异,西方的母亲是显性的,表皮式的,相较之下,韩国的母亲是隐蔽的、内敛的。韩国的母亲并非无感情的草木,但为何会作如此表现呢?外部动因只能从韩国人不同于西方人的特有的意识结构上去寻找。

明明知道对方即便有再大的乐事也不会回答说"我有乐事",但还是要问"最近有乐事吧";心里想着,真是倒霉,怎么碰上他了,口里却说"真高兴";几天前才见过,还要说"好久不见";不是特别想再见,告别时却说"过几天一起喝一杯"。

说者无意,听者无心,但这些话却畅通无阻,就是因为这些话是礼仪用语,得到彼此的认可。

我不久前见了个外国人,告别时用了句礼仪用语,不想闹了笑话。我把"最近有乐事吧"直译为"I think you are happy this days.",没想到我的这位朋友左思右想了半天,然后对我说:"前不久听家乡的母亲说,家里的猪生了小猪,这消息让我高兴;昨天我女朋友说,我的后脑勺很有魅力,让我挺高兴。除此之外就没什么高兴的事了。"外国朋友的回答不禁让我哑然。

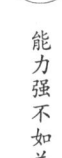

记得还有一次,由于告别时说近期内再见,不想就此约下了时间和地点,履行了一次非本意的宴请。

不仅在言行上是如此,在书信格式上,韩国人的礼仪也表现为套话连篇。信以"身体一向万康"开始,节气、问候、问安之语后,什么恩惠、阴德赞颂一番,然后请求原谅自己的词穷、不肖、无礼,最后是祝光宗耀祖、幸福安康、富贵长寿。这样,几乎所有的书信都充斥着写也可不写也可的礼仪上的美辞丽句,连为什么写信都给忘了。写信的真意往往在附言中一两句话中草草带过。

丁茶山的文集中收录有一封讨要小儿药的书信,全文长达八百字,而真正有关讨要小儿药的,就只有"求家儿水肿药"六个字,而且还是在附记之中。给父亲写信要求寄钱时,也是先用美辞丽句铺陈一番,只在附记中提到书费云云,这些应归因于隐匿真意的传统。韩国人善于将内容尽量隐藏,用形式去限制本心和感情,在这方面可谓独一无二的专家。

1900年前半年在韩国任公使的法国人弗朗西曾说:"韩国人的信不能从前往后读,而应该从后往前读,这样效率才高。"此话不假。

如上所述,韩国人在大众传播上采用的表现方式不是发自内心式,而是受到限制的礼仪方式,因为这样可以减少暴露私己的危险。另外,为了避免直截了当地表露私己,还采用间接的表达方式,即引用别人的话或使用套话。旧时人们喜欢引用仪典中的文字,而现代人则常常摆出西方名人的话语和事例,这不仅仅是出自为显示有识的自尊心或事大主义,还出自韩国人隐藏私己的意识特点。

例如,当被问到"当时你为什么不收那钱",韩国人会回答说:"不是有'贪小失大'一说吗?"从而间接地表露出私己。这些倾向使韩国人擅长采用非语言的方式来表现自己,即用体态语来说话。语言信息本是身体信息的替代,是身体信息的进一步发展。因此直到今天还是如此,即当感情到达纯粹的极致时,如极度敌视或极度喜爱时,是不需要语言的。极度敌视的例子如决斗,此时不需说话,也不适合说话;性交与爱抚行为中也不需要语言。说话只会弱化情感交流。换言之,当内向的、家庭式的亲密程度越深,体态语就越是发达;而越是外向,社会性越强,语言就越是发达。

韩国人从吃奶的婴儿时期开始,身体上的接触就比美国人要频繁得多。抱、搂、拍、抚摩、咬、舔,用这些动作来表示爱意。不分白天黑夜,婴儿几乎整个哺乳期都是在母亲、祖母或姐姐的背上或母亲的怀抱中度过的。吃饭时,为减少饭这一物质的异类感,祖母甚至将饭经过自己的嘴咀嚼后,再吐给孩子吃。由此可见在韩国孩子的成长过程中,体温和肉体的接触是多么的细致温柔。

不知是不是这个原因,韩国孩子的爱哭,是全世界有名的。

高丽末,宋代使臣徐兢出使高丽,著有《高丽图经》,书中记载韩国小儿特别爱哭。此后有关韩国小孩爱哭的记录也屡见不鲜。韩国小孩之所以较外国小孩明显要爱哭,便是因为这种接触式育儿法。小孩子习惯身体的语言,当失去这种接触时,便用哭声来表示不满。随着年龄的增大，身体上的接触会慢慢减少，但对于这种接触的依恋，以及脱离的哀愁，使得孩子在成长的过程中始终保持着这种接触关系。

相较之下，西方的孩子一出生，便脱离了母亲的身体。不仅西方是如此，中亚也是这样，孩子生下来半个月后，便放在类似于济州岛育儿坑那样的摇篮里养育，日本也是一样。这样长大的孩子，不会依恋身体的接触，也不会因为脱离身体的接触而感到哀愁。

由于孩子是独立成长的，所以对于陌生人也能像对母亲或其他家人那样，做出自由的反应，容易适应公共社会，不会像韩国人那样，对于陌生人或公众不是漠不关心，就是畏惧躲避。前者是公共社会独立的一员，后者则是依附于家庭或小集团的一员，两者在表达方式上当然会不一样。

犯错和失败的理由多

许多韩国人都写过自传式的回忆录,也有很多人正在写,但几乎没有人能坦率直书自己所犯的错误。反之,成事、好事、大事,则不管怎样都要和自己扯上关系,因此韩国人写的回忆录很难赋予其客观性价值。可以说,这是一种执意掩盖的意识,不仅掩盖自己的意思,还掩盖自己的失误、错误和缺点。

温斯顿·丘吉尔的回忆录之所以广为人知,不是因为他的一生代表了历史的转换期,而是因为他在回忆录中,对自己的过错和失职所造成的严重后果直率地表露出畏惧、自责和反省。

"我们在利比亚遭到惨败。由于我方作战经验不成熟,德军进攻速度之快超乎预料。以我们的装甲部队,无法抵抗德军的猛攻。"丘吉尔向国民袒露了自己的错误与失策,这样的勇气是韩国人所缺少的。

肯尼迪总统为太空开发计划而呼吁国民的支持,

他在演讲中说:"我没有哪一项计划,是不要求大家忍受不便、苦难甚至做出牺牲的。"这番自我表露充满着号召力,体现出不同于我们的意识特点。

自古以来,所谓"九失一得,九败一胜",人生是失败累积而成的。对韩国人而言这"九失"和"九败"是不能显露出来的,只能揪住"一得"和"一胜"将之放大。

韩国人常常采用抽象性的处理方式,将自己的弱点归为"愚笨",归为"浅学菲才"。而这抽象性的处理方式,只是为了让对方觉得自己谦虚,至于究竟如何"愚笨",如何"浅学菲才",是不会挑明的。当错误和失误非说不可时,必定从自身之外寻找犯错与失责的原因。不管问哪一个犯法者,都会无一例外地说自己犯法的主要原因不在自己。因为父母不理解,因为祖上穷,因为交了坏朋友,因为没上过学,才犯下如此错误。于是别的韩国人便不分青红皂白地对这些客观原因予以认可,而动恻隐之心。

孬夫扭断燕子腿,得到了很多葫芦,每打开一个葫芦,就会遭到一次报应,而他却不认为这些祸事是由于自己的恶行而遭到的报应,仍不停地打开一个又一个葫芦。这一情节可谓颇具韩国特色。

输了比赛,若为惨败,则用"力量不够"这一宽泛词语承认失败,如若不这样,便用"状态不好"含糊其辞地做抽象处理,将自己的错误或缺点掩盖过去。多归咎为瞬间或事故原因,而很少去做真诚的反省。考试落第者常常认为是因为试卷上的某一题太花哨,自己没能写对。

落选者则不论得票差有多大,都不从客观上去分析自身落选的原因,而将之归咎为一两个小问题,自信满满,似乎改善了这一两个小问题,下次就一定能当选似的,而结果又再次落选。

如上所述,韩国人不仅要掩盖自己的错误,也要保障别人掩盖错误,因此掩盖错误成了韩国人宿命般的顽疾,形成了恶性循环。

韩国历史充斥着一段段文过饰非的叙述,在正视历史错误方面显得如此吝啬,正是这一已成顽疾的意识结构的或然性所致。装饰过的历史也许能激发人的自豪感,但却无法促进真正的发展。韩国裹足不前的各个领域中,起着主因的罪魁祸首,或许便是这一掩盖意识。

莫让一切尽在不言中

首尔 B 公寓住着一位德裔美籍工程师，楼下的韩国人和他是同一公司，于是这个工程师便在楼下韩国人家里吃饭，签了周付的协议。不想韩国人家里办丧事，乡下来了很多人，吊唁者接踵而至，拥挤不堪。主人没给这个外国人做饭，也不是说情况不允许或实在无暇顾及，而是觉得自家办丧事，即便是外国人，也会自觉地避开这段时间，自己解决吃饭问题，这在韩国人来说是再正常不过的想法了。没想到这个外国人却要求和以前一样吃饭，见对方未按协议准备饭菜，很是不快，干脆换了地方。

按韩国人普遍的思维，这个外国人真是不懂人情世故，无知无觉，殊不知，这只有习惯于靠眼力见沟通交流的人才能做到。不说因故无法提供餐饮，而是想不做饭就不做，这一违背协议的行为在西方人看来，着实是不妥的。

《小学》和《内训》对韩国人的行为做出了规范，其中有规定："即便是空的，也要像满的一样；即便没有人，也要像有人一样行事。"进屋之前，先得干咳一声；见门外有两双鞋却不闻说话声，则绝不能进去。正如大韩帝国末年的外国传教士盖尔所说，韩国人会用咳嗽表示上百句的话。

从韩国人的房屋结构来看，家居空间虽很狭小，但却有着许许多多需用眼力见感知的、无形的墙壁，西方人见了定会感到吃惊。女巫是不得通过前门、走前院进出的，必须走后门；若无后门，就得通过狗洞。正在行经的女子不能从刚泡制的酱缸旁经过；吃了腥味的东西路过祠堂时，必须弯腰俯身。空间，被这些只有靠眼力见才能感知的无数墙壁所阻隔。

韩国人是定居的农民，这可以说是其"眼力见"发达的原因。农耕要求的是波澜不惊、有规律的作业，人们之间即便不说话，也能够作业和生活。与大地之间的无言的对话，使得稳定的生活成为可能。

然而欧洲人是狩猎人种，强大的动物必须通过合作才能捕获。充满危险的狩猎场，要求意思信号的交换必须准确。生死攸关，不容许太平悠闲的"眼力见"存在。由此而产生的欧洲语言适合于准确传达彼此意志。

较之欧洲语言，韩国话常常省略"你"、"我"等人称代词，单复数形、性别词类以及时制区分极其微弱，这正是因为不需要准确性的缘故。

眼力见只有在沟通顺畅、为彼此着想时，才能形成美好而情笃的人际关系，是和谐与稳定的最佳触媒。但随着现代人生活圈的扩大，西方式的准确的沟通变得必要，在这种情况下，传统的眼力见习性与时不符，从而产生许多过错、损害与误会，这不能不说是现代韩国人的悲剧。

自我隐蔽哲学

国外旅行途中，曾受邀前往一个韩国人的农场。当时坐汽车坐了四个小时，肚子饿极了。农场主人说，冰箱里有冰激凌，还有牛奶，想吃的话随便吃。可初来乍到，又是个外国人，一见面就说自己饿，这对于习惯彻底隐藏私己的韩国人来说，不免有些那个。所以便回答说不饿。

其实说自己不饿时，还是怀着一种隐隐的期待的，希望主人再次相劝。因为如果是韩国人的话，是不会从词义上把对方的"No"当作否定回答的。没想到农场主人说："哦，是吗？"便冷酷无情地关上了冰箱门。当时实在是饿，应不该客气，如实相告的，直到今天回想起来还不免感到后悔。

韩国人表示反对意思时，不直接说"No"，而是先说"Yes"，对"Yes"的合理性予以承认，也表示说有可能不是这样，从而委婉地表达出反对。

因此韩国语的否定前置词十分发达,是别种语言所无法比拟的。如"您说的是至理名言,但","您的话千真万确,但","我也作此想,但","这话也有一定的道理,但","应当如此,但"等等。外国人同时听到这一前置肯定和后置否定,定会不明就里,不知说话的韩国人到底是什么意思。

而使用这一肯定的否定前置词的,也只是那些勇敢的韩国人。而当想要否定,或者被要求表露出哪怕是一丁点的私己领域时,大多数人都会采取以下态度——

闭着嘴巴
装作没听见
不置一词,摆出不想回应的态度
笑而不答
转换话题
作抽象而模糊的应答
问相反情况会作何想
说不想就此发表意见
磨磨唧唧离开现场
用幽默含混其词

旧时,对于那些懂得隐藏自己意思的贤明之人,韩国人是极其敬仰的,将之当做理想的完者。过去的儒生有一种习惯,当不想介入、不想关心,或感到没有必要表明自己的意思时,就用手摸鼻梁或下巴颏,有瘊子时就摸瘊子。俗话说"还是摸摸鼻梁","还是摸你的瘊子吧",意思是什么话也别说,别管闲事,别掺和,别发表意见。

朝鲜初的学者金守温将自己的文集取名为《拭疣集》,意思是"还是摸摸瘊子吧",以此表明自己不发表意见的立场。更有许多儒生将"拭疣"、"拭鼻"作为自己的雅号。

将"拭鼻哲学"作为自己一生规范的典型人物,可举丞相姜士尚,他秉持着这一哲学,得以入仕三十余载。论及时事、公论、党派之争,需要表明自己的意思时,他总是缄口不言,只顾摸自己的鼻梁。他嗜好喝酒,当别人将其灌醉,诱其发表见解和意见时,也只是摸着发红的鼻梁,不开尊口。

丞相黄喜也可谓是擅长用韩国式表现方式隐藏私己的一人。

一天,下人们起了纠纷,便找到主人黄喜要论个究竟。一个下人说出自己的意见后,黄丞相说:"你的话有道理。"与之有纠纷的另一下人不答应了,也说了自己的意见,黄丞相又说:"你的话也有道理。"黄喜的侄子在一旁见此光景,开口说道:"伯伯不辨是非,说这个也对,那个也对,这怎么行?"黄丞相又说:"你的话也有道理。"

黄丞相的评论是一种将私己完全隐藏的类型。

这是针对所有韩国人的道德要求,尤其是对韩国女性,她们彻底封锁自我意见、要求、主张、立场的表露,这种表露与人品、人格联系在一起,动辄被骂为"没主心骨"、"轻骨头"、"没规矩"、"耳根软"、"轻浮"、"不守妇道"等等,所有这些泼向妇女的脏水,使得她们遭诅咒,被边缘化。由此可见,只有强烈地抑制住私己,才有可能实现理想的韩国人的理想状态。

名的两面性

在韩国,名牌文化尤其盛行,且每家每户都挂着写有姓名的门牌,更有门牌精雕细刻,极尽奢华,这一系列现象在西方人看来,都是颇为新奇的韩国特色。西方人只是在新搬家时,才将写有名字的纸条贴在门上,除此之外几乎都用数字表示。

对于名字的执着,演变为对于自己的家族、毕业学校、所属单位以及身份的执着。如今这一风潮虽有减弱,但在数年前,当家族为名门时,人们还用"安东金氏"、"河回柳氏"、"青松沈氏"、"韩山李氏"等,来说明这个人的一切,和如今用毕业学校来评价一个人是同样的道理。就连人品、性格、知识等属性,也由其名称来决定。按理说择偶时这些属性是尤为重要的,而就连择偶,人们也是先考虑对方所属的客体,如家门、出身学校、职场等,至于对方的为人等主体因素,则置于名称之后而被忽视。

除了商人外，一天到晚佩戴着自己所属公司标志的，大概就只有韩国人和日本人了。商标之外的"社纹"、"社章"、"社旗"之所以发达，也是出于对名称的执着。

对名称的执着，伴随着对名称的无穷尽的责任，因此韩国人可以为了名称牺牲生命。教师在"教师"这一名分下，即便有所不知，也不能说不知道；所有的专家，有义务在自己的专业领域，不承认自己的失败和无知，这是"专家"这一名称所要求的；若是实业家，即便他的财产处于破产危机，也决不能公布，因为他要对得起"实业家"这一名称所负有的责任，便得如此这般自我防御。两班贵族因为"两班贵族"这一名称、这一名分，即便忍饥挨饿、挨寒受冻，也必须不露声色。在野党的政治家们，即便没有什么实际利好，没有反对的充分理由，也必须为了"在野党"这一名分而反对执政党。

燕山君时，直谏之臣洪彦忠惹怒龙颜，遭到残酷拷打，遍体鳞伤，被扔在狱门之外。正巧奸臣金安老路过，金安老曾与他一起在弘文馆读书，算是同门。金安老咂着舌说道："老朋友，你真惨啊！"洪彦忠回曰："因为我蘸了弘文馆的墨水。"将学问中领悟到的大义比作弘文馆的墨水。金安老说："听着，老朋友，难道你不想摒除智慧，蒙昧学识，做个不分对错好坏的人吗？"对此，洪彦忠的回答很是有名。他说："牺牲姓名过此一生，到了阴曹地府后不孤独吗？"

从中可知，韩国人对于"名"的执着，产生了积极价值：金安老弃名不顾，做了奸臣；洪彦忠成就姓名，做了忠言直谏之臣。

《安氏家训》中有如下问答：

问：魂魄消散，骨肉腐烂，身后之名就如蝉壳一般，与死者无任何关系,但为何圣人们如此重视"名"?

答:这是因为,若将"立名"作为奖励,就能得到其"实"。以"伯夷"之名颂之,则千万人便会仰视之,以之为榜样。世人都憧憬名声,故圣人用以引导世人向善。

《安氏家训》对韩国人精神意识的形成有很大影响。据上面所举的问答,对于"名"的执着,是使人在道德上达到成熟的一种手段,因祖先及自身之名而培养起自制力,使道德上不堕落。韦伯对韩国儒生社会充满憧憬,认为是"没有法律规范也能维持社会秩序的理想社会",而这一社会正是靠自制力才形成的。

祖先的"名",即名声、名誉,成了子孙后世的地位和财产资本。在韩国,靠祖上阴德过生活的人多之又多。积德行善所立下的名,是留给子孙最好的财产,因此韩国人执着于名,在道德上臻于成熟。

名是生存的条件。据说正祖利用韩国人想留名的特点,将之作为抑制利欲的手段用于政治。

韩国人对于名的执着,既有积极的价值,又有消极的一面,因而具有两面性。

弃名分，扫出门

每当有足球赛事，韩国媒体就会大张旗鼓地渲染进球球员的名字，说"功勋球员某某某"、"金脚某某某"，就好像比赛的胜利是靠该球员才实现的。报道这么说，受众也这么想。较之球队这一合作集体，个人的价值被夸大了，个人名字要比球队名字价值高，甚至高出几十几百倍。

而美国的报纸电视却将进球作为球队合作的结果，而不是将这一荣誉归为某一人。

也许是这个原因，韩国人才给人以"单个时聪明、合起来无能"的印象。

韩国人有个特点很奇怪，即对个体的名声，会坚守义理责任。例如，若"暴君"这一名号成立，则出于对这一名号的义理责任，即便他做了极为人性化的好事，人们也不想予以承认。光海君听说因为饥荒民不聊生后，整夜痛哭，散出"御帑金"救恤灾民，尽管这样，其人性化的一面仍被"暴君"这一名号所遮蔽。

最近有一份针对高中生的调查，问及"你最讨厌的历史人物是谁",我惊讶地看到,大院君也榜上有名。自己国家之所以落后,是因为大院君坚持闭关锁国政策,这就是我们的学生受到的教育。大院君的恶名产生了这样的结果,而其开国开化政治却被埋没于恶名的阴影之中。韩国人的历史认识,不是在历史进程或错综复杂的史实中形成的,而是只执着于历史主要人物,以此来认识历史。重视人物的名,却忽视推动这一人物的背景。因为对名的尊重,对义理的重视,韩国历史人物不是好人就是坏人。例如郑道传,就不是一分为二来看待的。

韩国人重视名分甚于实利,将义理赋予名分。在中国,孔子之后的一千五百年中未使用"名分"这一词,而到了北宋时代,"名分"一词渐渐露头。但中国人没有因为名分而丢弃实利,韩国人为了名分,任何实利都心甘情愿抛弃。

韩国人在选举、国会、外交等政治讨论中,常常陷入名分之争,甚至不惜损害实利和本质,这也是出自对名的执着。即使遍体鳞伤、失败破产、丢脸出丑,也要苦苦哀求给自己保留名分,在这方面韩国人着实是执拗得彻底。

洪钟宇是暗杀金玉均的风云儿,他出身于南阳洪氏这一名门望族,因受不了饥寒,卖了家谱和户牌,以贱民身份为生。这一抛却名分之人被周围的社会边缘化,人们对其住处避之不及。因遭人冷眼,反抗心渐成顽疾,使他的一生充满了激进的反抗。抛弃名分,在韩国社会中即意味着被扫地出门。

  两班贵族,卖几文钱
  卖几文钱,买麦芽糖
  拿着糖呀,踩石过河
  扑通落水,跌得粉碎

  这个童谣流传颇广,将名分戏弄了一把。然而,名分的遗传因子仍在各个领域中暗暗地、执拗地蠢蠢欲动。

韩国人的他律性

小学四年级时,曾去京城昌庆苑修学旅行。然而本应最有印象、记得最牢的昌庆苑的动物们,却全无记忆,这不能不是件奇怪的事情。

是不是因为从小生活在一个连电都不通的山村里,所以出门后太过紧张,以致失忆?可这也似乎无法解释——动物是最吸引小孩的,为什么一点印象都没有呢?我所能记得的,是如下情形。

当时参加修学旅行的山村少年有十二人,由一名倔倔的、严厉的日本老师带领。一进昌庆苑大门,日本老师便不知从哪里找来一根长杆,一头系上白手帕。他将这根长杆交给最前面的孩子举着,然后严厉地向这十二名山村少年训话说:

"在昌庆苑里面行动时,必须看着这根杆子。"

这当然是出自老师的焦虑,因为昌庆苑里人头攒动,他不想让学生走失。乡下人的淳朴,更确切地说,是乡下人对城市的恐惧,使得我们严格遵照老师的训示,走路的时候只看杆子。也许是因为光顾看杆子,所以没顾上看那些飞禽走兽。

对于我的疑惑,这一解释似乎可以说得通。好不容易逛一趟昌庆苑,却只看到了杆子。这一或然性虽然可以用"乡下人进城"来解释,但除了"乡下人进城"外,是不是还有其他的附加因素呢?这一附加因素,便是韩国人都具有的"他律性",可以将之归咎为韩国人的"他律性"意识结构。

还是举旅游的例子。西方人是自觉自律地旅游,而韩国人是被动他律地旅游。即便不是上面那种因为看杆子而没看动物的极端情况,韩国人也潜在着让看杆子就看杆子的习性。比较韩国人和西方人的行动方式,他律和自律这一对连锁概念就很能说明问题。这对概念在企业管理上也同样是重要的因素。

那么,较之西方人,韩国人为何他律性更强呢?原因可举西方人是畜牧文化,而韩国人是农耕文化。

畜牧民的基层文化以移动为前提,形不形成共同社会并不重要。赶着羊群,按照自己的意愿,找到放牧的地方就可以了,由此形成了移动性个人社会。在个人社会中,个人的意志起到很大作用,即形成个体的逻辑,这一个体逻辑与男性原理相通。

相较之下,农耕民的基层文化圈域内,移动是不可能的,必须定居,从而必得形成共同社会。耕种同一区域的人之间,沟通和交流是必需的,他律性便介入进来。个人的意志撞到集团共同社会的墙壁,遭受挫折,从而培养起个人意志必须顺应集团共同逻辑这一他律意识。他律性使人变成幼儿或女性。

用图表表示如下。

西方文化	畜牧民的基层文化→移动的个人社会→自律社会→个体逻辑→男性原理
韩国文化	农耕民的基层文化→定居的共同社会→他律社会→集团逻辑→幼儿/女性社会

定居的集团共同社会中,为了生存要生产粮食,在这一大前提下,任何个人的恣意行为都是不被容许的。农耕文化的集团成员必须在共同作业中,在祈雨等共同的祭祀活动中,加深彼此的纽带感,相互依存着生活。

也就是说,对于不容许个人恣意的这一世界,能够将之撼动的,当然只有集团逻辑。集团逻辑起到绝对支配作用的这一世界,只能是他律的世界。

让我们想象一下孤独的牧民形象——广阔的草原上,为了寻找牧草,他们赶着羊群四处迁徙。这就是为何他们在本质上要比农民自律、比农民有个性的原因。

灰色谎言满天飞的时代

俗话说,"男人生来就是为了说谎,女人生来就是为了相信谎言。"看上去不会有什么未来的男人,却对女人说,要让她成为韩国最幸福的女人;明明是刷卡买了条项链,却夸口说乡下寄钱来了,而女人却深信不疑,觉得找到了可以依靠的男人。结果结婚不到一个月,因为银行卡透支不堪其扰,生活处处碰壁。

不管是谁,钓鱼之前是不会吝惜鱼饵的,而一旦把鱼钓上来,放入鱼篓,则不要说眷顾,就连吃的也不会再给了。自古便是如此,习俗不言自明,但女人却不想承认。

其实,数千年中,女人也是在钓男人,女人钓男人的诱饵是化妆。所谓化妆,就是将素性掩盖。女人用这一骗术来钓男人。这样女傻瓜男傻瓜总能保持平衡。女傻瓜们让男傻瓜意识不到自己的傻,一心以为自己的骗术很成功,从而泰坦自若地活到终老。

社会要想和谐发展,只说真话是绝对不行的。不仅社会生活是如此,父子之间、夫妻之间也是如此。

来看看参加面试的应聘者们真诚而端正的态度吧。青年们若都是这样的态度,还有什么必要进行道德教育?而实际上,他们是在尽力伪装诚实、真诚、端正,想以此瞒过招聘经理。

这种良心上不会受什么谴责、被大家所容许的谎言,西方称之为"白色谎言"。

被诊断出癌症,却告知患者得的不是癌症;饱餐一顿狗肉后回家,面对讨厌吃狗肉的妻子,坚持说自己没吃狗肉;熬夜办公,疲倦不堪,却对经理说亏得加班,没去喝酒,反而对身体是件好事。诸如此类的谎话,都是不想麻烦别人的"白色谎言"。这些谎言有情有义,那些陷害中伤他人的"黑色谎言"是应该彻底摒弃的。而如今,却风靡起一种既非"白色谎言"、又非"黑色谎言"的"灰色谎言"。

"灰色谎言"是指为自己利益而说的谎话,种类各异。为了夜宿他处而对妻子说"你今天格外美丽",这是家庭型谎言;"经理,您家的小狗真是太可爱了",这是公司型谎言;"老师,您的课大家很欢迎",这是学分型谎言。

如今是"灰色谎言"的全盛时代,如果不养成说"灰色谎言"的习惯,就无法在韩国社会生存。

在向上结构的社会中,这种灰色谎言是必然的。在西方,职场中的角色是由个性和能力决定的,以横向的功能主义为特点;而韩国则是纵向的位次主义,从上往下依次是"经理→专务→局长→课长→系长→

我",韩国的工薪阶层除自身的职责、职能、能力外,还必须具备向上的功能和能力,而后者比前者更为重要。只要存在着这种向上性,"灰色谎言"就不可避免。

有着四个名字的韩国人

大韩帝国末期,妓女行会"券番"中对妓女的行动有二十多条严格的规定,若违反了其中五条,便要以"墨名"惩之。所谓"墨名",就是将名字涂黑。先将诸如"彩扇"、"红莲"等妓名写在纸上,当着众妓,用墨水将名字涂黑;然后让犯规者去厨房,两手粘满炭黑,回来后再抹在写有妓名的纸上,并喝下洗手水。

抱团现象普遍的小商贩团体也有着与之类似的行会法规。作为对违规者的惩罚,会根据违规的轻重,用朱墨,即红字,写出违规者三代乃至五代的祖名,然后当众烧毁。

如若让外国人来观看这些执行惩罚的场面,他们肯定会感到好笑:这些怎么能够作为惩罚呢?他们会觉得,如果惩罚仅仅是将名字涂黑,将祖上的名字烧掉,而肉体上毫发无损,那么十次、百次地违规又有何妨呢?

然而对于韩国人而言，即便是贱民，也会对名字怀抱着近乎信仰般的执着。情愿受棍杖等私刑，也不愿受姓名之辱。

让我们来看看西方的情况。英国的大文豪莎士比亚，其姓名的拼写很麻烦，寄给他的许许多多的信上，名字的书写各不相同——

Shekespeare, Shakespear, Shakespiare, Shekspeare, Shakspair……写法多达十五种，而莎士比亚说："即便有一百个莎士比亚，也无关乎这一个莎士比亚的本质。名字对于我，只不过是一种属性，就像指甲一样。"这便是西方人对待名字的一种态度。反观韩国人，"贺年片上连名字都写不对，还给我寄什么贺年片？"韩国人对姓名的执着，与西方人形成鲜明的对照。

韩国人对于名字的执着不仅仅局限于人名。

"产婆"变成"助产妇"，又变成"助产员"；"看护妇"变成"看护员"，又变成"看护师"；"驾车手"（司机）变成"驾车师"、"机师"；"代书士"变成"司法代书士"；"官吏"变成"公务员"……名字不断地变化和流动，越变越好听。

"癞病"变成"麻风病"，再变成"汉森氏病"；"茅房"发展成"厕所"，又发展成"洗手间"，今后还会发生变化。当然，人权意识的发达也对名字的发展变化产生着影响。但这一现象并不见于人权意识较我们更发达的西方，由此可知，对于名字的敏感有关韩国人特有的意识特点。

大韩帝国末年，达弗昌神父在韩国殉教。他留下的文字中有以下这段记载：

"世界上名字最多的民族大概就是韩国了，一般每人都有四个名字。这四个名字用在不同的场合，恰当地选择和称呼韩国人的姓名，要比法语的动词变化还要难。"

正如达弗吕神父所指出的,韩国人有四个名字,分别是儿名、冠名、字和雅号。

埃及人有大名和小名,隐藏前者,公开后者;印度婆罗门阶层也有两个名字,一是常用名,还有一个是只有父母才叫的秘密名字;中国人也只有家名和字两个名字。为何唯独韩国人有这许多的名字呢?这是因为韩国人对名非常重视,非常敏感,因此将称呼的限制和条件作了细分。

西方人在先祖姓名之后加上"一世"、"二世",动不动就直呼其名,而韩国人却认为直呼先祖或先亲的名字是不道德的,是罪恶的。因此要称呼先祖名字时,假如其先祖叫"圭植",则不直呼"圭植",而是称"圭字植字",甚至作解字式的称呼,如"双土,树木的木,直接的直"。

韩国人视先祖的名字为神圣,不仅对称呼很在意,当官职名中含有先祖的字时,甚至会拒绝出仕。

世宗时有个儒生叫柳季闻,被任命为京畿观察使,只因父亲名叫"柳观","观"字同"观察使"的"观",便拒绝出仕。后来实在无法,他的父亲只得改了名字,叫做"柳宽",柳季闻这才走马上任。这个故事对于今天的我们来说也许很好笑,但在当时却是理所当然。

念书时,若书中出现祖先的名字,至少上溯至五代祖,则不读出声音来,只能默念,或者以哭代之,呼"哎唷哎唷"。惯例上,若公文中出现先亲的名字,则不写该字,而写"讳"字代之。遇到腐儒,若待批示的公文书中有自己先亲的名字,则干脆不作批示。

这种忌讳之风在中国也有。例如晋代书法家王羲之,因父名中有"正"字,为避讳,而将"正月"写作"初月"或"一月",将"正直"写作"政直"。要想从他的字中找出"正"字来,只能是白费力气。

同样,杜甫创作了无数诗篇,却找不到常用字"闲"来,只因他的父亲叫做"杜闲"。

避讳风俗源自原始的巫术思维,原始人认为名字不单是符号,而且有着左右生命的神力。诅咒或损坏名字,就会使生命受到直接的伤害。

这种对于名字的巫术思维,是全世界文明进程中所共同经历的,但为何在韩国这块土地上如此发达、生生不息? 也许答案只能从韩国人对于名字的特殊的意识结构中去寻找。

旁观他人之恶

也许因为我职业是报人的缘故,所以每天早晨都把读报当回事。有一天不惜叫醒旁边正在熟睡的梦中人,让她赶紧去取报纸。如果我关心的那件事上了报纸,可能会有相关的一段报道,所以便从下往上浏览。

正如所料,我看到了一篇出了人命的报道。我不知道死者是谁,只知道是个年轻人,那天在游园地挨了毒打,生命垂危,被人送到医院。

似乎是一起打群架事件。同伙跑掉了,只剩下两人展开决斗。结果越打越激烈,其中一人用石头连砸对方,光天化日之下置对方于死地。数百名游人将现场团团围住,踮着脚观望,却只是观望,并不介入这一关涉人命的决斗。

人们不去劝架,并不是因为怕自己受伤,而是因为眼前所发生的,是看客们的身外之事,是别人的事,不是自己的事，所以袖手旁观。

和我有着一面之交的一个美国人，将这个濒死的年轻人送进了医院。目睹众人旁观杀人，竟无一人施救，这个美国人对我说："我无法理解韩国人。"

于是我很想从报纸上找到证据，来证明是韩国人的国民性——能够对"我"的身外之事如此冷静的国民性——导致了杀人事件的发生。

以前选举时我目睹过这样的事。投票之日，有些人满脸凶相，用现金买卖选举票，路人见了，刚停下脚步，票贩子就对着他们喝道："看什么看！"见其凶恶的表情，看客们便像没看到一样，四下散去。我在意的不是犯下倒票之罪的票贩子，而是非礼勿视似的、被票贩子喝走的那些"罪恶的旁观者"。有罪的是看客们。如若不是因为"身外之事与己无关"的坚定意识及潜意识，怎会如此冷漠？

《锁尾录》中有关于壬辰倭乱的记录，从中也能找到这一根深蒂固的意识之体现。

一农夫正在种田，一群倭寇经过。这个老农觉得倭寇没有理由伤害他，倭寇也觉得老农对他们没什么威胁。因为倭乱，君主逃往义州；倭寇们践踏疆土，踩躏杀戮妇女，即便不是这老农的妻女。所以老农也觉得，要是没有这倭乱就好了。但因为与己没有直接损害，所以能够这样泰然自若。

可这帮倭寇为了抄近路，穿过老农的菜地。这意味着原在他界的倭寇入侵到己界，自己的蔬菜都被踩烂了。于是这老农抄起粪耙，疯了似的冲向这帮倭寇。倭寇们笑了，开玩笑似的，用鸟枪射了一枪，把这拿粪耙的老农打死了。

对于韩国人，别人和自己的界限泾渭分明，己身之外与之内的概念根深蒂固。从风土学的观点来看，这一习性可以说是季风气候的共同特点，更何况性理学一统韩国的近代史。是这些原因使得韩国人的这一意识尤为彻底吗？

举一个最为日常的现象，韩国人将自己家当作是"内"，把家外的他人、公共社会、国家等普遍意义上的世界当作"外"。因此对于妻子，丈夫是"外人"；对于丈夫，妻子是"内人"。

与世界的隔离，即内外之分，在欧洲语言中是找不到的。内外观念在房屋结构上也有鲜明体现。韩国房屋围以高墙，用大门堵住，上上门闩，这样便能彻底地将内部保护起来。而西方房屋的围墙和门只是形式上的区域标志，并不具备韩国房屋的这种防御性；各房间有厅，采取独立的形式。因此西方人走出房间，与韩国人走出大门具有同样的意义。

从独立的房间中向外走出一步，即便这个"外"是家中的餐厅，也相当于韩国人所认为的"外"。因此他们要端正仪态，跟去街上的餐馆差不多。韩国人在家中享受到的和乐融融，他们则将之扩大到整个村庄和城市，因此个人之间的社交是必需的。

韩国人的"内"，蜗居在围墙和大门之内。即便穿西装，住洋房，用洋花装饰庭院，但这始终是为了家庭。对于外面的公园，则无任何关心。因为公园在家外,所以是他人的。

随着社会的现代化、西化,韩国人对小孩子的教育倾注了无限热情。万一小孩子行为不端正,就会想方设法予以纠正,而对公共事务,如政治家行为的不端正,则漠不关心。即便由于政治家行为的不端正,对自己的生活产生了影响,这也是外面发生的别人的事,自己的态度不会有任何改变。

换言之,社会的事情不是自己的事情。自古以来,若发生战争,韩国人便购买黄金,把好好的牙拔掉,装上金牙,这样,金子便从"外"到了"内",牢牢地嵌在自身之内。于是,时代的不稳定和金子便产生了因果关系。而当发生战争,法国人会将嵌在嘴里的金牙拔出,献给国家。这是因为法国人有着不同的思维,认为国家这一公共空间是"内"。

不解的是,韩国人为何对身外之事如此冷漠?就算杀人,就算盗票,就算国家遭涂炭,只要自家的菜地没事,便一概不管。那被扭曲的现代化、西化,让人如此敏感,甚至掀起"外风亡国论",但为何顽固地守护着"内思想"的围墙和大门没被掀翻掉呢?